BIBLIOTHÈQ

# KANT

# LA PHILOSOPHIE
# DE L'HISTOIRE

## (opuscules)

**Édition établie et traduite
par Stéphane Piobetta**

## DENOËL

**BIBLIOTHÈQUE MÉDIATIONS**
publiée sous la direction de Jean-Louis Ferrier

# AVERTISSEMENT

*Kant n'est pas seulement l'auteur prestigieux des trois* Critiques. *L'ordre de production et d'exposition qu'il a suivi dans ses grandes œuvres ne l'a pas empêché de manifester le fond de sa pensée dans d'autres écrits, quelquefois plus personnels, entrepris antérieurement ou parus à la même époque. Les plus importants de ces écrits, groupés autour du problème de l'histoire, constituent le présent volume.*

*Qu'on ne s'étonne donc pas de voir figurer, ici, côte à côte, des* Réflexions sur l'emploi des principes téléologiques dans la Philosophie, *et des opuscules sur le* Problème des Races *ou sur les* Débuts de l'Histoire humaine. *Car il suffira de parcourir les premières pour s'apercevoir que les exemples pris par Kant pour illustrer sa pensée au cours de ce texte annonciateur des thèmes développés par la* Critique du Jugement *relèvent précisément du domaine qu'étudient les seconds. Et l'apparence de discontinuité, l'absence d'unité dans la forme, si frappantes dans l'*Essai sur l'usage des Principes téléologiques, *ne sont pas plus réelles, à leur tour, que cette diversité d'objet semblant se manifester dans la juxtaposition de tels travaux.*

*Il faut sortir d'une vue étroite sur le kantisme, vue qui, certes, a porté ses fruits, mais qui ne répond pas entièrement à la réalité historique, ni à la réalité intrinsèque de l'œuvre de Kant : c'est là l'intention maîtresse qui nous a conduit à grouper ces textes, et qui, nous l'espérons, ressortira de la lecture de ce volume : nous avons voulu mettre en évidence l'unité des préoccupa-*

*tions, l'unité des thèmes de pensée, l'unité de méthode
chez Kant à travers des œuvres de dates très différentes,
et qui, du fait qu'elles ne faisaient pas partie de l'exposition systématique de la doctrine, mais se présentaient
sous un aspect polémique ou comme des Essais et des
Réflexions, revêtaient un caractère de liberté et d'indépendance plus grand que les œuvres maîtresses.*

**L'éditeur**

# 1

# DES DIFFÉRENTES RACES HUMAINES

## I. DE LA DIVERSITÉ DES RACES EN GÉNÉRAL

Dans le règne animal, la classification naturelle en genres et espèces repose sur la loi commune de la reproduction, et l'unité dans les genres n'est rien d'autre que l'unité de la force de reproduction, qui, pour une variété donnée d'animaux, est universellement valable. Par suite, la règle énoncée par Buffon : « Tous les animaux susceptibles par accouplement de produire des petits à leur tour féconds (quelles que soient leurs différences d'aspect) appartiennent néanmoins à un seul et même genre physique », — cette règle ne doit être vraiment envisagée que comme définition du genre naturel des animaux dans leur ensemble, permettant de le différencier ainsi de tous les genres scolastiques. La division scolastique se fait par *classes,* elle répartit les animaux selon des *ressemblances ;* celle de la nature se fait par *souches,* elle les répartit selon les *liens de parenté,* du point de vue de la génération. La première fournit une systématisation scolastique à l'usage de la mémoire ; la seconde une systématisation naturelle à l'usage de l'entendement ; la première n'a d'autre dessein que de ranger les créatures sous des rubriques, la seconde vise à les ranger sous des lois.

D'après ce concept, tous les hommes sur toute l'étendue de la terre appartiennent à un seul et même genre naturel, parce que, régulièrement par accouplement, ils donnent naissance à des enfants féconds — malgré, par ailleurs, la grande diversité d'aspects physiques que l'on rencontre. Pour justifier cette unité du genre naturel, qui traduit tout simplement l'unité de la force de reproduction, universellement vérifiée, on ne peut alléguer qu'une seule cause naturelle, celle-ci : qu'ils appartiennent tous à une seule et même souche, d'où ils sont issus en dépit de leur diversité, ou du moins dont ils ont pu être issus. Dans le premier cas, les hommes appartiennent non seulement à un seul et même genre, mais aussi à une même *famille*. Dans le second cas, ils sont semblables entre eux, sans être apparentés, et il faudrait admettre bon nombre de créations locales, théorie qui multiplie sans nécessité le nombre des causes. Un genre animal qui possède en même temps une souche commune, ne groupe pas en son sein différentes *espèces* (car celles-ci expriment précisément la différence d'origine) ; mais les formes variées qui en sont issues s'appellent *dérivations,* si elles sont héréditaires. Les caractères héréditaires que l'on trouve dans la descendance, s'ils sont en conformité avec son origine, s'appellent *filiations ;* mais si cette dérivation se montrait désormais incapable de reproduire l'organisation originelle de la souche, on l'appellerait *dégénérescence.* Parmi les dérivations (c'est-à-dire les variétés héréditaires d'animaux qui appartiennent à une même souche), celles qui se conservent en dépit de toutes les transplantations (transpositions sous d'autres climats) à travers une longue suite de génération de façon persistante, et celles encore qui, par croisement avec d'autres dérivations de la même souche, produisent en tout temps des petits métissés, s'appellent *races.* Celles qui, par contre, constamment à travers toutes les transplantations, conservent et par suite, transmettent le caractère distinctif de leur dérivation, mais ne donnent pas nécessairement par croisement avec d'autres catégories des produits métissés, s'appellent *variantes.* Mais celles, enfin, qui

transmettent ce caractère souvent, mais non pas de façon constante, s'appellent *variétés*. Inversement, la
dérivation qui, par croisement avec d'autres, produit des
métis, mais qui s'éteint peu à peu par transplantation,
s'appelle *lignée* particulière.

Ainsi donc, les *Nègres* et les *Blancs* ne sont pas des
espèces différentes d'hommes (car ils appartiennent vraisemblablement à une seule et même souche), mais ils
sont néanmoins deux *races distinctes*, parce que chacune
d'elles se perpétue sous toutes les latitudes, et que toutes
deux par croisement donnent nécessairement des enfants
métissés ou *bâtards*. Par contre les Blonds et les Bruns
ne sont pas différentes races de Blancs, parce qu'un
homme blond peut n'avoir d'une femme brune que des
enfants blonds, quoique chacune de ces dérivations persiste en dépit de toutes les transplantations durant une
longue suite de générations. Aussi sont-ce là des *variantes* de Blancs. Enfin la nature du sol (humidité ou
sécheresse) entraîne peu à peu, en même temps que la
nature de la nourriture, une différence héréditaire, ou
*lignée*, parmi les animaux de même souche et de même
race, en particulier en ce qui concerne la taille, la proportion des membres (individus trapus ou élancés), ainsi qu'en ce qui concerne le naturel. Différenciation qui,
il est vrai, persiste lors du croisement avec des individus
étrangers, sous forme métissée, mais qui disparaît après
peu de générations sur un autre sol et avec une autre
nourriture (même sans modification de climat). Il est in-
téressant de remarquer ces *lignées* différentes d'hommes
en fonction de la diversité des causes ci-dessus, à l'intérieur d'un même pays, là où elles ne peuvent se
caractériser que d'après les provinces (ainsi les Béotiens
qui se distinguent des Athéniens, du fait que les
premiers habitent un sol humide, les seconds un sol
sec) : diversité qui souvent n'est apparente qu'à un œil

exercé, mais fait s'esclaffer les autres gens. Les propriétés particulières aux *variétés*, celles donc qui sont par elles-mêmes héréditaires (toutefois sans persistance nécessaire), peuvent néanmoins, par des mariages toujours limités aux mêmes familles, amener avec le temps ce que j'appelle une *lignée familiale*, où quelque chose de caractéristique finit par s'enraciner profondément dans la force de reproduction au point de devenir presque une variété et de se perpétuer comme elle. On prétend avoir fait cette remarque à propos de l'ancienne noblesse de Venise, en particulier des dames. Du moins, dans l'île de *Tahiti*, récemment découverte, les femmes nobles sont en général de taille plus grande que la masse. C'est sur cette possibilité d'établir, par un triage soigneux entre les nouveaux-nés dégénérés et les nouveaux-nés bien constitués, une lignée familiale durable, que reposait l'idée de M. de Maupertuis projetant de faire se développer dans quelque contrée certaine lignée humaine chez qui intelligence, habileté, droiture seraient héréditaires. Projet qui, à mon avis, est en lui-même réalisable, mais se trouve absolument contrecarré par la prévoyance de la nature ; car précisément ce mélange du Bien et du Mal constitue la source d'énergie pour les grands ressorts qui mettent en mouvement les forces créatrices de l'humanité, et l'obligent à développer tous ses talents, et à tendre vers la perfection de sa destinée. Si on laisse la nature, à condition de ne point la contrarier (de n'effectuer ni transplantations, ni mélanges extérieurs), agir pendant de nombreuses générations, elle finit par produire régulièrement une lignée durable qui caractérise des populations à perpétuité, et qui serait appelée race, si ce qui est caractéristique en cette lignée ne paraissait trop insignifiant et n'était trop difficile à décrire pour permettre de fonder là-dessus une classification spéciale.

## II. CLASSIFICATION DU GENRE HUMAIN EN SES DIVERSES RACES

Je crois qu'il suffit d'admettre seulement *quatre* races, pour pouvoir dériver d'elles toutes les différenciations que le premier coup d'œil permet de reconnaître et qui se perpétuent. Ce sont : 1. La race des *Blancs*. 2. La race des *Nègres*. 3. La race des *Huns* (Mongols ou Kalmouks). 4. La race des *Indiens* (ou Hindoustans).

Dans la première qui réside principalement en Europe, je fais entrer aussi les Maures (Maures d'Afrique), les Arabes (suivant ici Niebuhr), la souche des peuples turco-tartares et les Perses ainsi que tous les autres peuples d'Asie qui ne sont pas ici nommément exclus par les autres classes. La race nègre de l'Hémisphère Nord n'est originairement indigène qu'en Afrique, celle de l'Hémisphère Sud (en dehors de l'Afrique) ne l'est probablement que de Nouvelle-Guinée (autochtones) et aussi par de simples transplantations dans quelques îles avoisinantes. La race kalmouke paraît être à l'état le plus pur chez les Koschottisch ; par contre, chez les Torgöts, et plus encore chez les Dingorisch, elle est quelque peu mêlée à du sang tartare ; c'est elle encore qui porte, dans des temps très reculés, le nom de Huns, plus tard celui de Mongols, et aujourd'hui celui d'Olöts. La race hindoustane se trouve à l'état le plus pur et d'origine ancienne dans le pays du même nom, mais se différencie du peuple qui habite de l'autre côté de la Péninsule des Indes.

C'est de ces quatre races que je crois pouvoir dériver tous les autres caractères héréditaires des peuples ; comme *races* soit *croisées*, soit *nouvelles* : les premières sont sorties du croisement de races différentes ; les deuxièmes n'ont pas encore suffisamment vécu sous le climat pour adopter totalement son caractère racial. Ainsi le croisement du sang tartare avec le sang hun a conduit aux Karakalpaken, aux Nagayen, et autres *races métissées*. Le sang hindou, mêlé à celui des anciens Scythes (au Thibet, ainsi que dans les régions voisines) et mêlé plus ou moins du sang des Huns, a produit peut-être des hommes qui habitent au delà de la péninsule des Indes, les Tonkinois et les Chinois, en tant que races croisées. Les habitants des côtes asiatiques glacées sont un exemple d'une race nouvelle de Huns, où se montrent déjà la chevelure communément noire, le menton imberbe, le visage plat, les yeux fendus et peu ouverts ; c'est là l'action de la zone glaciale sur un peuple qui, dans des temps plus reculés, a été chassé de régions tempérées pour gagner cette résidence ; de même que les Lapons, rameau du peuple hongrois, se sont déjà passablement acclimatés en peu de siècles au caractère propre des régions froides, bien qu'ils soient à vrai dire issus d'un peuple qui s'était solidement développé dans la zone tempérée. Enfin les Américains[1] semblent être une race de Huns qui n'est pas encore entièrement acclimatée. Car à l'extrémité Nord-Ouest de l'Amérique, (là même où, selon toute vraisemblance, la population de ce continent doit être arrivée venant du Nord-Ouest de l'Asie, vu les concordances des espèces animales dans les deux régions), sur les rivages Nord de la Baie d'Hudson, les habitants sont tout à fait semblables aux Kalmouks. En allant plus avant vers le Sud le visage devient certes plus ouvert ; mais le menton imberbe, la chevelure généralement noire, la couleur brun-rougeâtre du visage, en même temps que la froideur et l'absence de sensibilité du naturel, caractères qui ne sont que les restes de l'action d'un long séjour dans les régions froides, comme nous le verrons bientôt, continuent à se manifester depuis l'extrême Nord de ce continent jusqu'aux Iles-d'États. Le séjour prolongé des ancêtres des Américains au Nord-Est de l'Asie, et au Nord-Ouest de l'Amérique qui l'avoisine, a porté le type kalmouk à sa perfection ; par contre, l'expansion plus rapide de leurs descendants vers le Sud de ce continent a porté à sa perfection le type américain. A partir de l'Amérique, on ne peut signaler aucune expansion des habitants au dehors. Car dans les Iles du Pacifique, tous les habitants, à l'exception de quelques Nègres, sont pourvus de barbe ; bien plus, ils portent quelques marques d'origine malaise exactement comme ceux des Iles de la Sonde ; et la forme du gouvernement féodal rencontrée dans l'île de Tahiti, qui est également le régime politique des Malais, confirme cette hypothèse.

La cause profonde qui conduit à admettre Noirs et Blancs comme races originelles est par elle-même évidente. En ce qui concerne les races hindoues et kalmoukes, le jaune-olive qui représente le fond de teint d'un brun plus ou moins foncé des pays chauds ne saurait être dérivé chez les premiers, non plus que le visage caractéristique des seconds, de n'importe quel autre caractère national connu ; et tous deux marquent leur empreinte indélébile dans les croisements. Ceci précisément vaut pour la race américaine qui entre dans le type kalmouk et est liée à lui par une origine commune. L'Indien oriental donne par croisement avec le Blanc le *métis jaune ;* de même l'Américain, par croisement identique, donne le *métis rouge ;* le Blanc avec le Nègre donne le *mulâtre ;* l'Américain avec ce dernier le *Kabugl* ou *Caraïbe noir.* On a donc toujours affaire visiblement à des bâtards caractérisés, ce qui confirme leur dérivation à partir de races authentiques.

### III. DES CAUSES IMMÉDIATES DE L'ORIGINE DES
### DIFFÉRENTES RACES

Les principes d'un développement déterminé qui reposent en la nature d'un corps organique (végétal ou animal) s'appellent *germes,* si ce développement porte sur certaines parties ; mais s'il ne porte que sur la taille ou les rapports des parties entre elles, je l'appelle *dispositions naturelles.* Chez les oiseaux de même espèce, mais susceptibles de vivre sous divers climats, se trouvent des germes pour le développement d'une nouvelle couche de plumes, pour le cas où ils vivraient en climat froid ; ces germes ne se développent pas, si ces oiseaux doivent demeurer en climat tempéré. Parce que, dans un pays froid, le blé doit être mieux protégé contre le froid et l'humidité qu'en pays sec ou chaud, il y a en lui un pouvoir préalablement déterminé, ou une disposition naturelle, capable de produire peu à peu une écorce plus épaisse. Cette sollicitude de la nature, qui veille à prémunir sa création par des dispositions internes cachées, adaptées à toutes sortes de circonstances à venir, de façon qu'elle puisse subsister et soit en conformité avec la diversité du climat et du sol, est vraiment admirable. Lors des migrations et transplantations des animaux et des végétaux, elle produit un semblant de nouvelles variétés qui ne sont rien d'autres que des dérivations et des races d'un genre unique, dont les germes et dispositions naturelles se sont développés occasionnellement pendant de longs laps de temps selon des manières diverses[2].

Le hasard ou des lois mécaniques universelles ne peuvent pas produire de telles adaptations. Aussi devons-nous considérer de tels événements occasionnels comme le fruit de *prédéterminations.* Mais même là où aucune finalité n'apparaît, le simple pouvoir de propager son propre caractère acquis suffit déjà à prouver qu'un certain germe ou qu'une disposition naturelle doivent se trouver dans la création organique. Car des choses extérieures peuvent bien être causes occasionnelles, mais non pas causes efficientes de ce qui se transmet nécessairement et se propage dans un type. Le hasard ou des causes physico-mécaniques peuvent aussi peu produire un corps organique qu'ils sont capables d'adjoindre à sa force de génération un élément nouveau, c'est-à-dire réaliser quelque chose qui se propage de soi-même, s'il s'agit là de certaine forme ou d'un certain rapport des parties[3]. L'air, le soleil, l'alimentation, peuvent amener des modifications dans la croissance d'un corps animal, mais ces modifications ne le dotent pas du même coup d'une force de génération qui serait capable de les reproduire d'elles-mêmes en l'absence de cette cause. Ce qui doit se propager, au contraire, doit auparavant avoir déjà été placé dans la force de génération comme prédétermination d'un développement occasionnel lié aux circonstances dans lesquelles la créature peut se trouver engagée, et au milieu desquelles elle doit se maintenir et se conserver. Car dans la force de génération, il ne doit rien pouvoir entrer d'étranger à l'animal, qui soit capable d'éloigner peu à peu la créature de sa destination originelle et essentielle, pour produire de véritables dégénérescences qui se perpétueraient.

L'homme était destiné à tous les climats et à n'importe quelle constitution du sol. Par suite, en l'homme, des germes et des dispositions naturelles variées devaient se trouver prêtes à être, selon les circonstances, développées ou entravées, de façon à l'adapter d'abord à la place qu'il occupe dans l'univers ; de façon aussi à le faire apparaître, dans la suite des générations, comme pour ainsi dire adéquat à cette place et créé en fonction de celle-ci. Nous allons parcourir, en vertu de ces défini-

tions la totalité du genre humain à la surface de la terre,
et nous mentionnerons certaines causes finales de ses
dérivations, dans les cas précis où les causes naturelles
ne peuvent guère être admises ; nous mentionnerons par
contre des causes naturelles dans les cas où nous ne voyons pas les fins. Ici, je note simplement que l'*air* et le
*soleil* semblent être les causes qui influent le plus profondément sur la force de génération, et qui amènent un
développement durable des germes et des dispositions,
c'est-à-dire peuvent fonder une race ; par contre l'alimentation particulière peut sans doute provoquer une
lignée particulière d'hommes, mais leur différenciation
s'éteint bientôt en cas de transplantation. Est du ressort
de la force de génération non pas ce qui doit affecter la
*conservation* de la vie, mais bien la *source* de cette vie
même, c'est-à-dire les premiers principes de son organisation et de son mouvement animal.

L'homme transplanté dans les régions glacées dut peu
à peu dégénérer vers une stature plus petite, parce que,
grâce à cela, si la force du cœur reste la même, la course
du sang s'effectue en moins de temps, et par conséquent
le pouls est plus rapide et la chaleur du sang plus grande. En effet Cranz a trouvé lui aussi que les Groënlandais
non seulement sont bien au-dessous de la taille des Européens, mais encore qu'ils ont une chaleur corporelle
étonnamment plus grande que la chaleur normale.
Même la disproportion entre la taille du corps tout entier et la petitesse des jambes chez les peuples nordiques
est tout à fait adaptée au climat où ils vivent, puisque
ces parties du corps, à cause de leur éloignement du
cœur, courent par suite du froid davantage de danger.
Cependant la plupart des habitants de la zone polaire
aujourd'hui connus semblent n'être que des arrivants tar-
difs ; et de même les Lapons, issus ainsi que les Finnois
d'une seule et même souche, c'est-à-dire de la souche

hongroise, n'ont adopté leur habitat actuel que depuis l'émigration de celle-ci (à partir de l'Est asiatique) et n'en sont pas moins déjà acclimatés d'une façon très sensible.

Mais si un peuple nordique est forcé pendant des laps étendus de temps de subir l'influence du froid de la zone polaire, de plus grands changements encore doivent se produire pour lui. Tout développement par lequel le corps ne fait que gaspiller ses humeurs doit, dans cette région desséchante, être peu à peu arrêté. C'est ce qui explique pourquoi les germes de la croissance du système pileux sont peu à peu étouffés, de telle sorte que seuls subsistent les cheveux nécessaires pour recouvrir le crâne. En vertu d'une disposition naturelle, sur le visage, la partie du corps la plus difficile à protéger, les parties saillantes, parce qu'elles souffrent continuellement du froid, sont peu à peu devenues, par les soins de la nature, plus plates de façon à moins souffrir. Le bourrelet proéminent sous les yeux, les yeux mi-clos et clignotants, semblent avoir pour ainsi dire été aménagés de manière à préserver la vue en partie contre la froideur desséchante de l'air, en partie contre l'éclat de la neige (comme protection, les Esquimaux portent aussi des lunettes pour la neige) ; quoique ces particularités puissent aussi passer pour des effets naturels du climat qui, même dans des contrées plus douces, peuvent être notées, bien qu'à un degré nettement moindre. Ainsi le menton devient peu à peu imberbe, le nez s'écrase, les lèvres s'amincissent, le visage s'aplatit, la peau se teinte en brun-rougeâtre avec des yeux noirs ; en un mot, le *type du visage kalmouk* apparaît, pour s'implanter à travers une longue série de générations sous ce même climat en une race durable ; et cette race se conserve même si par la suite ledit peuple va chercher de nouvelles résidences sous un climat plus doux.

On demandera sans doute de quel droit je puis faire dériver le type kalmouk, que nous rencontrons à présent dans son aspect le plus pur sous un climat plus doux, des fins fonds du Nord et du Nord-Est. Voici ma raison : Hérodote nous apprend déjà que, de son temps, les Agrippans, habitants d'un pays situé au pied de hautes montagnes, dans une région que l'on peut considérer comme celle de la chaîne de l'Oural, étaient chauves et camus, qu'ils couvraient leurs arbres de nattes blanches (il veut probablement parler des tentes de feutre). Ce type se trouve à présent en plus ou moins grande quantité dans le nord-est de l'Asie, mais plutôt dans la région nord-ouest de l'Amérique, qu'on a pu découvrir en partant de la Baie d'Hudson, et où, selon quelques dires récents, les habitants ont les apparences d'authentiques kalmouks. A présent, pour peu qu'on se représente que, dans des temps très reculés, il dut y avoir échange d'animaux et d'hommes dans cette région entre l'Asie et l'Amérique, étant donné qu'on rencontre une seule et même espèce d'animaux dans la région froide des deux continents ; si l'on veut bien songer encore que cette race humaine fit son apparition pour la première fois en Chine quelque mille ans avant notre ère (selon Desguignes) au delà du fleuve Amour, puis expulsa de leurs habitats d'autres peuples de souches tartares, hongroises et autres, l'hypothèse d'une souche originelle située dans les contrées froides ne paraîtra pas entièrement forcée.

Mais le phénomène le plus remarquable, la possibilité de dériver les Américains, comme race incomplètement assimilée, d'un peuple qui a longtemps habité la région la plus nordique de ce continent, trouve précisément sa confirmation solide dans la disparition du système pileux sur toutes les parties du corps, hormis la tête, et dans le teint couleur rouge-rouille des régions les plus froides, cuivreux foncé des régions les plus chaudes de ce continent. Car la teinte brun-rouille semble (en tant qu'effet de l'acidité de l'air) être l'exact apanage des régions froides, de même que le brun-olivâtre (effet des humeurs de la bile alcaline) est l'apanage des régions chaudes. Point même n'est besoin de faire intervenir ici le naturel des Américains qui révèle une force vitale à demi-éteinte[4] : l'explication la plus évidente consiste à y voir l'effet d'une contrée froide.

L'extrême *chaleur humide* du climat chaud doit au contraire, agissant sur un peuple installé depuis assez longtemps sur son sol pour s'y être adapté complètement, avoir des effets qui sont tout à l'opposé des précédents. Il se sera produit exactement le contraire des caractéristiques du type kalmouk. La croissance des parties spongieuses du corps dut être plus accentuée dans un climat chaud et humide : ainsi, le nez retroussé, les lèvres lippues. La peau dut se faire huileuse, non seulement pour limiter une forte évaporation, mais aussi pour se protéger contre l'absorption nocive des humidités putrides de l'air. L'excès des particules de fer que l'on trouve par ailleurs dans n'importe quel sang humain, excès compensé dans le cas qui nous occupe par le dégagement d'acide phosphorique (ce qui fait que tous les Nègres sentent cette mauvaise odeur) dans la substance rétiforme, cause leur noirceur transparente au travers de l'épiderme ; et de plus, la teneur élevée de leur sang en fer semble nécessaire aussi pour prévenir l'amollissement de toutes les parties. L'huile de la peau qui affaiblit le cuir nourricier nécessaire à la croissance de la chevelure permettait tout juste la production d'un duvet laineux qui recouvre la tête. Du reste une chaleur humide est généralement favorable à la croissance drue des animaux. Bref, c'est ainsi qu'on voit apparaître le Nègre qui est bien adapté à son climat, à savoir fort, charnu, agile ; mais qui, du fait de l'abondance matérielle dont bénéficie son pays natal, est encore paresseux, mou et frivole.

L'indigène d'Hindoustan peut être considéré comme issu d'une des plus anciennes races humaines. Son pays est adossé au Nord à de hautes montagnes, et, du Nord au Sud, est traversé jusqu'à l'extrémité de la péninsule par une longue chaîne montagneuse (je mentionnerai encore au nord le Thibet, qui servit peut-être d'asile général à l'espèce humaine pendant la grande révolution de notre planète, puis après elle, de pépinière). Ce pays connaît sous un heureux climat le partage des eaux le plus parfait (elles se déversent vers les deux mers) que ne possède aucune autre portion de terre ferme située en Asie, sous un climat favorable. Il pouvait donc, dans des temps très reculés, être à la fois sec et habitable, puisque la péninsule orientale de l'Inde, aussi bien que la Chine (où les fleuves au lieu de se partager, coulent parallèlement), dans ces temps d'inondations, devaient être encore inhabitées. Ici, une race humaine stable pouvait donc se fonder en mettant à profit de vastes laps de temps. La teinte jaune-olivâtre de la peau de l'Indien, le vrai teint des Tziganes qui constitue la couleur fondamentale brune plus ou moins foncée des autres peuples orientaux, est tout aussi caractéristique et aussi persistante dans la transmission héréditaire que la couleur noire du Nègre. Elle paraît, considérée en même temps que les autres aspects de la conformation et l'originalité du naturel, être exactement l'effet d'une *chaleur sèche* de même que la précédente était l'effet d'une *chaleur humide*. Selon M. Ives, les maladies courantes des Indiens sont des engorgements de bile et des hypertrophies du foie ; quant à leur couleur innée, elle est pour ainsi dire la teinte de la jaunisse, et semble prouver une sécrétion continuelle de la bile passée dans le sang. Celle-ci, peut-être du fait qu'elle est savonneuse, décompose les humeurs coagulées et les volatilise, refroidissant de ce fait le sang au moins dans les extrémités du corps. Cette réaction naturelle d'auto-défense qui tend à cette fin ou à quelque autre fin semblable dans le but de parvenir par une certaine organisation (dont l'action se manifeste sur la peau) à l'élimination continuelle de ce qui surcharge le flux sanguin, telle pourrait bien être la fraîcheur des mains chez les Indiens[5], et peut-être (quoiqu'on ne l'ait pas encore vérifié sous forme d'observations), d'une température généralement abaissée du sang, qui les rend capables de surmonter sans dommage la forte chaleur du climat.

Voilà donc maintenant des présomptions suffisamment solides pour contrebalancer d'autres présomptions qui, elles, estimant impossible d'unifier cette multiplicité au sein du genre humain, admettent pour l'expliquer plutôt une foule de créations locales. Dire avec Voltaire « Dieu qui a créé le renne en Laponie pour manger la mousse de ces contrées glaciales, a aussi créé en ces lieux le Lapon pour manger ce renne » n'est pas une mauvaise invention pour le poète ; mais pour le philosophe qui n'a le droit d'abandonner la chaîne des causes naturelles que quand, de toute évidence, il ne peut plus les rattacher qu'à de purs hasards, c'est vraiment un pis-aller.

On impute aujourd'hui à bon droit les diverses couleurs des plantes au fer précipité par des humeurs différentes. Comme tout sang animal contient du fer, rien ne nous empêche d'attribuer la diversité des couleurs de ces races humaines à la même cause. De cette façon, l'acide chlorhydrique ou phosphorique, ou l'alcali volatil des caneaux excréteurs de la peau précipiterait les particules de fer dans le réticule en rouge, en noir ou en jaune. Pour la race blanche, le fer dissous dans les humeurs ne serait pas du tout précipité ; ce qui démontrerait en même temps le mélange parfait des humeurs et la vigueur de cette branche d'hommes par rapport à toutes les autres. Cependant je ne dis cela en passant que pour inciter à des recherches, dans un domaine auquel je me sens trop étranger pour risquer de donner le moindre crédit à ce qui serait des conjectures.

Nous avons démontré quatre races humaines, sous lesquelles doivent être comprises toutes les diversités de ce genre. Mais toutes les dérivations ont besoin néanmoins d'un *genre original :* or nous devons, soit déclarer que ce genre est déjà éteint, soit choisir parmi les spécimens actuels celui avec lequel nous pouvons le mieux comparer le genre original. Certes, on ne peut espérer rencontrer aujourd'hui quelque part dans le monde la forme humaine primitive. Précisément par suite du penchant de la nature à adapter ses créatures en tout lieu au sol par de longues générations successives, la structure humaine doit maintenant être entachée de modifications locales en toutes ses parties. Mais la zone située entre le 31e et le 52e degré de latitude dans l'Ancien Monde (qui semble également en considération de sa population mériter ce nom d'Ancien Monde) est considérée à juste titre comme celle où l'on trouve le mélange le mieux réussi entre influences des contrées froides et chaudes, celle où l'on rencontre aussi la plus grande richesse dans l'ordre des créatures terrestres. C'est là aussi que l'homme — car il semble également et adéquatement apte à toutes les transplantations hors de ces lieux — devrait être dévié au minimum de son type de constitution originel. Or, on trouve ici des Blancs sans doute, mais aussi des indigènes au teint foncé : nous admettrons donc que ces constitutions sont les plus voisines du genre original. Le rameau du type *blond vif* à peau blanche et douce, aux cheveux roux, aux yeux bleu pâle, paraît être la dérivation nordique la plus proche qui, au temps des Romains, habitait les contrées nordiques d'Allemagne, et (selon d'autres témoignages) plus loin vers l'Est jusqu'aux Monts Altaï ; partout en tout cas dans des forêts immenses, sous un climat assez froid. Or l'influence d'une atmosphère *froide et humide* d'où résulte pour les humeurs une tendance au scorbut, a finalement produit un certain type d'hommes qui aurait prospéré jusqu'à se perpétuer en race, si, dans cette région, des mélanges hétérogènes n'avaient si souvent interrompu le cours de la dérivation. Nous pouvons donc ajouter celle-ci, au moins comme un approximatif, à la liste des races réelles ; et dès lors, ces races pourraient, par rapport aux causes naturelles de leur apparition, se grouper selon le plan suivant :

### GENRE ORIGINEL

#### Blancs au teint foncé

1re race : Blond vif (Europe septentrionale).
Pays de froid humide.

2e race : Rouge-cuivré (Amérique).
Pays de froid sec.

3e race : Noir (Sénégambie).
Pays de forte chaleur humide.

4e race : Jaune-olivâtre (Indiens).
Pays de chaleur sèche.

### IV. DES CAUSES OCCASIONNELLES DU FONDEMENT DES DIVERSES RACES

Ce qui crée la plus grosse difficulté en ce qui concerne la diversité des races sur la terre, quel que soit le fondement de l'explication qu'on puisse admettre, c'est que des régions et des climats analogues ne contiennent néanmoins pas la même race : que l'Amérique, sous son climat le plus chaud, ne montre aucune forme indo-orientale et encore bien moins une forme noire indigène ; qu'il n'y a, en Arabie ou en Perse, aucun spécimen jaune-oli-vâtre indien indigène, bien que ces pays concordent tout à fait quant au climat et à la composition de l'air avec le premier, etc... En ce qui concerne la première de ces dif-ficultés, on peut la résoudre de faççon satisfaisante si l'on considère le mode de peuplement des dites régions. Car une fois qu'une race se fut fondée par le long séjour de sa population d'origine dans le nord-est de l'Asie ou de la proche Amérique, race analogue à la race actuelle, elle ne pouvait plus être transformée en une autre race par des influences postérieures du climat. Car seule la structure d'origine peut donner naissance à une race ; mais celle-ci, là où elle a une fois pris racine et étouffé les autres germes, résiste précisément à toute trans-formation, du fait que le caractère de la race s'est affir-mé un jour de façon prépondérante dans la force de gé-nération.

Mais en ce qui concerne la localisation de la race nègre, qui n'est propre qu'à l'Afrique[6] (on la trouve à son état le plus parfait en Sénégambie), ainsi que celle de la race indienne, qui est circonscrite au pays qui por-te son nom (sauf là où, plus à l'Est, elle semble s'être propagée par métissage), je crois qu'il faut en rechercher la cause dans l'existence au cours des anciens temps d'une mer intérieure qui a tenu séparés à la fois l'Hin-doustan et l'Afrique des autres pays, si proches fussent-ils. Car la région qui va de la frontière de Daurie, à tra-vers la Mongolie, la petite Bucharie, la Perse, l'Arabie, la Nubie, le Sahara, jusqu'au Cap Blanc, et qui forme un tout presque continu, présente dans sa plus grande partie des analogies avec le fond d'une ancienne mer. Les pays sont dans cette région ce que Buache appelle « plateforme », à savoir de hautes plaines la plupart du temps sans relief ; quand il s'y trouve des montagnes, elles n'offrent jamais qu'un faible relief. Par suite, les cours d'eau, peu nombreux, n'ont qu'un cours restreint et se perdent dans le sable. Ces pays sont analogues aux bassins d'anciennes mers, car ils sont entourés de hauteurs ; de plus, considérés dans leur structure interne, ils offrent dans l'ensemble un plan horizontal, et ne peuvent donc ni recevoir ni laisser écouler aucun courant ; en outre, ils sont aussi en grande partie recouverts de sable, sédiments d'une ancienne mer morte. Il est alors bien compréhensible que le caractère hindou n'a pu prendre racine en Perse ni en Arabie qui, à cette époque, servaient encore de bassin à une mer, alors que l'Hindoustan était probablement peuplé depuis longtemps, parce qu'il en était séparé précisément par cette mer. La description qui a pour objet l'état de la nature à notre époque est loin de suffire pour indiquer la raison d'être de la diversité des dérivations. On doit, si ennemi qu'on soit — et certes avec raison — des opinions téméraires, tenter une *histoire de la nature* : il s'agit là d'une science séparée, susceptible de progresser peu à peu du stade des opinions à celui des connaissances.

# 2

# IDÉE D'UNE HISTOIRE UNIVERSELLE
## AU POINT DE VUE COSMOPOLITIQUE

Quel que soit le concept qu'on se fait, du point de vue métaphysique, *de la liberté du vouloir, ses manifestations phénoménales,* les actions humaines, n'en sont pas moins déterminées, exactement comme tout événement naturel, selon les lois universelles de la nature. L'histoire qui se propose de rapporter ces manifestations, malgré l'obscurité où peuvent être plongées leurs causes, fait cependant espérer qu'en considérant (dans les grandes lignes) le jeu de la liberté du vouloir humain, elle pourra y découvrir un cours régulier, et qu'ainsi, ce qui dans les sujets individuels nous frappe par sa forme embrouillée et irrégulière, pourra néanmoins être connu dans l'ensemble de l'espèce sous l'aspect d'un développement continu, bien que lent, de ses dispositions originelles. Par exemple les mariages, les naissances qui en résultent et la mort, semblent, en raison de l'énorme influence que la volonté libre des hommes a sur eux, n'être soumis à aucune règle qui permette d'en déterminer le nombre à l'avance par un calcul ; et cependant les statistiques annuelles qu'on dresse dans de grands pays mettent en évidence qu'ils se produisent tout aussi bien selon les lois cónstantes de la nature que les incessantes variations atmosphériques, dont aucune à part ne peut se déterminer par avance mais qui dans leur ensemble ne manquent pas d'assurer la croissance des plantes, le cours des fleuves, et toutes les autres formations de la nature, selon une marche uniforme et ininterrompue. Les hommes, pris individuellement, et même des peuples entiers, ne songent guère qu'en poursuivant leurs fins particulières en conformité avec leurs désirs personnels, et souvent au préjudice d'autrui, ils conspirent à leur insu au dessein de la nature ; dessein qu'eux-mêmes ignorent, mais dont ils travaillent, comme s'ils suivaient ici un fil conducteur, à favoriser la réalisation ; le connaîtraient-ils d'ailleurs qu'ils ne s'en soucieraient guère.

Considérons les hommes tendant à réaliser leurs aspirations : ils ne suivent pas simplement leurs instincts comme les animaux ; ils n'agissent pas non plus cependant comme des citoyens raisonnables du monde selon un plan déterminé dans ses grandes lignes. Aussi une histoire ordonnée (comme par exemple celle des abeilles ou des castors) ne semble pas possible en ce qui les concerne. On ne peut se défendre d'une certaine humeur, quand on regarde la présentation de leurs faits et gestes sur la grande scène du monde, et quand, de-ci de-là, à côté de quelques manifestations de sagesse pour des cas individuels, on ne voit en fin de compte dans l'ensemble qu'un tissu de folie, de vanité puérile, souvent aussi de méchanceté puérile et de soif de destruction. Si bien que, à la fin, on ne sait plus quel concept on doit se faire de notre espèce si infatuée de sa supériorité. Le philosophe ne peut tirer de là aucune autre indication que la suivante : puisqu'il lui est impossible de présupposer dans l'ensemble chez les hommes et dans le jeu de leur conduite le moindre dessein raisonnable *personnel*, il lui faut rechercher du moins si l'on ne peut pas découvrir dans ce cours absurde des choses humaines un *dessein de la nature :* ceci rendrait du moins possible, à propos de créatures qui se conduisent sans suivre de plan personnel, une histoire conforme à un plan déterminé de la nature.

Nous allons voir s'il nous sera possible de trouver un fil conducteur pour une telle histoire, puis nous laisserons à la nature ce soin de produire l'homme capable de rédiger l'histoire selon ce principe. N'a-t-elle pas produit un Kepler qui, d'étonnante façon, soumit les orbites excentriques des planètes à des lois déterminées, et un Newton qui expliqua ces lois en fonction d'un principe général de la nature ?

## PREMIÈRE PROPOSITION

*Toutes les dispositions naturelles d'une créature sont déterminées de façon à se développer un jour complètement et conformément à un but.* — Chez les animaux, on vérifie ce principe par l'observation externe aussi bien qu'interne ou par la dissection. Un organe qui n'a pas de raison d'être, un agencement qui ne remplit pas son but, sont des contradictions dans le système téléologique de la nature. Car si nous nous écartons de ce principe, nous n'avons plus une nature conforme à des lois, mais une nature marchant à l'aveuglette, et l'indétermination désolante remplace le fil conducteur de la raison.

## DEUXIÈME PROPOSITION

*Chez l'homme (en tant que seule créature raisonnable sur terre), les dispositions naturelles qui visent à l'usage de sa raison n'ont pas dû recevoir leur développement complet dans l'individu mais seulement dans l'espèce.* La raison, dans une créature, est le pouvoir d'étendre les règles et desseins qui président à l'usage de toutes ses forces bien au delà de l'instinct naturel, et ses projets ne connaissent pas de limites. Mais elle-même n'agit pas instinctivement : elle a besoin de s'essayer, de s'exercer, de s'instruire, pour s'avancer d'une manière continue d'un degré d'intelligence à un autre. Aussi chaque

homme devrait-il jouir d'une vie illimitée pour apprendre comment il doit faire un complet usage de toutes ses
dispositions naturelles. Ou alors, si la nature ne lui a
assigné qu'une courte durée de vie (et c'est précisément
le cas), c'est qu'elle a besoin d'une lignée peut-être interminable de générations où chacune transmet à la suivante ses lumières, pour amener enfin dans notre espèce
les germes naturels jusqu'au degré de développement
pleinement conforme à ses desseins. Ce terme doit fixer,
du moins dans l'idée de l'homme, le but de l'effort à
fournir ; car, sans cela, les dispositions naturelles devraient être considérées pour la plupart comme vaines et
sans raison d'être. Or ceci détruirait les principes pratiques ; par suite, la nature serait suspecte d'un jeu
puéril en l'homme seul, elle, dont la sagesse doit servir
de maxime fondamentale pour juger toutes ses autres
formations.

## TROISIÈME PROPOSITION

*La nature a voulu que l'homme tire entièrement de
lui-même tout ce qui dépasse l'agencement mécanique
de son existence animale, et qu'il ne participe à aucune
autre félicité ou perfection que celle qu'il s'est créée lui-
même, indépendamment de l'instinct par sa propre raison.* — En effet la nature ne fait rien en vain, et elle n'est
pas prodigue dans l'emploi des moyens pour atteindre
ses buts. En munissant l'homme de la raison et de la liberté du vouloir qui se fonde sur cette raison, elle indi-
quait déjà clairement son dessein en ce qui concerne la
dotation de l'homme. Il ne devait pas être gouverné par
l'instinct, ni secondé et informé par une connaissance
innée ; il devait bien plutôt tirer tout de lui-même. Le
soin d'inventer ses moyens d'existence, son habillement,
sa sécurité et sa défense extérieure (pour lesquelles elle

ne lui avait donné ni les cornes du taureau, ni les grif-
fes du lion, ni les crocs du chien, mais seulement des
mains), tous les divertissements qui peuvent rendre la
vie agréable, son intelligence, sa sagesse même, et jusqu'à la bonté de son vouloir, devaient être entièrement
son œuvre propre. La nature semble même s'être ici
complu à sa plus grande économie, et avoir mesuré sa
dotation animale au plus court et au plus juste en fonction des besoins les plus pressants d'une existence à ses
débuts ; comme si elle voulait que l'homme, en s'effor-
çant un jour de sortir de la plus primitive grossièreté pour
s'élever à la technique la plus poussée, à la perfection
intérieure de ses pensées, et (dans la mesure où c'est
chose possible sur terre) par là jusqu'à la félicité, en
doive porter absolument seul tout le mérite, et n'en être
redevable qu'à lui-même ; c'est comme si elle avait at-
taché plus d'importance chez l'homme à *l'estime raisonnable de soi* qu'au bien-être. Car le cours des choses humaines est hérissé d'une foule d'épreuves qui attendent
l'homme. Il semble bien que la nature n'ait pas eu du
tout en vue de lui accorder une vie facile, mais au contraire de l'obliger par ses efforts à s'élever assez haut
pour qu'il se rende digne, par sa conduite, de la vie et du
bien-être.

Ce qui demeure étrange ici, c'est que les générations
antérieures semblent toujours consacrer toute leur peine
à l'unique profit des générations ultérieures pour leur
ménager une étape nouvelle, à partir de laquelle elles
pourront élever plus haut l'édifice dont la nature a formé le dessein, de telle manière que les dernières générations seules auront le bonheur d'habiter l'édifice auquel
a travaillé (sans s'en rendre compte à vrai dire) une
longue lignée de devanciers, qui n'ont pu prendre personnellement part au bonheur préparé par elles. Mais, si
mystérieux que cela puisse être, c'est bien là aussi une

nécessité, une fois que l'on a admis ce qui suit : il doit exister une espèce animale détentrice de raison et, en tant que classe d'êtres raisonnables tous indistinctement mortels, mais dont l'espèce est immortelle, elle doit pourtant atteindre à la plénitude du développement de ses dispositions.

## QUATRIÈME PROPOSITION

*Le moyen dont la nature se sert pour mener à bien le développement de toutes ses dispositions est leur* antagonisme *au sein de la Société, pour autant que celui-ci est cependant en fin de compte la cause d'une ordonnance régulière de cette Société.* — J'entends ici par antagonisme *l'insociable sociabilité* des hommes, c'est-à-dire leur inclination à entrer en société, inclination qui est cependant doublée d'une répulsion générale à le faire, menaçant constamment de désagréger cette société. L'homme a un penchant *à s'associer,* car dans un tel état, il se sent plus qu'homme par le développement de ses dispositions naturelles. Mais il manifeste aussi une grande propension *à se détacher* (s'isoler), car il trouve en même temps en lui le caractère d'insociabilité qui le pousse à vouloir tout diriger dans son sens ; et, de ce fait, il s'attend à rencontrer des résistances de tous côtés, de même qu'il se sait par lui-même enclin à résister aux autres. C'est cette résistance qui éveille toutes les forces de l'homme, le porte à surmonter son inclination à la paresse, et, sous l'impulsion de l'ambition, de l'instinct de domination ou de cupidité, à se frayer une place parmi ses compagnons qu'il supporte de mauvais gré, mais dont il ne peut se passer. L'homme a alors parcouru les premiers pas, qui de la grossièreté le mènent à la culture dont le fondement véritable est la valeur sociale de l'homme; c'est alors que se développent peu à peu tous

les talents, que se forme le goût, et que même, cette
évolution vers la clarté se poursuivant, commence à se
fonder une forme de pensée qui peut avec le temps
transformer la grossière disposition naturelle au discer-
nement moral en principes pratiques déterminés. Par
cette voie, un accord *pathologiquement* extorqué en vue
de l'établissement d'une société, peut se convertir en un
tout *moral*. Sans ces qualités d'insociabilité, peu sympa-
thiques certes par elles-mêmes, source de la résistance
que chacun doit nécessairement rencontrer à ses prétentions égoïstes, tous les talents resteraient à jamais en-
fouis en germes, au milieu d'une existence de bergers
d'Arcadie, dans une concorde, une satisfaction, et un
amour mutuels parfaits; les hommes, doux comme les
agneaux qu'ils font paître, ne donneraient à l'existence
guère plus de valeur que n'en a leur troupeau domestique ; ils ne combleraient pas le néant de la création
en considération de la fin qu'elle se propose comme nature raisonnable. Remercions donc la nature pour cette
humeur peu conciliante, pour la vanité rivalisant dans
l'envie, pour l'appétit insatiable de possession ou même
de domination. Sans cela toutes les dispositions naturelles excellentes de l'humanité seraient étouffées dans un
éternel sommeil. L'homme veut la concorde, mais la nature sait mieux que lui ce qui est bon pour son espèce :
elle veut la discorde. Il veut vivre commodément et à
son aise ; mais la nature veut qu'il soit obligé de sortir
de son inertie et de sa satisfaction passive, de se jeter
dans le travail et dans la peine pour trouver en retour
les moyens de s'en libérer sagement. Les ressorts naturels qui l'y poussent, les sources de l'insociabilité et de
la résistance générale d'où jaillissent tant de maux,
mais qui, par contre, provoquent aussi une nouvelle ten-
sion des forces, et par là un développement plus complet
des dispositions naturelles, décèlent bien l'ordonnance

d'un sage créateur, et non pas la main d'un génie mal-
faisant qui se serait mêlé de bâcler le magnifique ouvrage du Créateur, ou l'aurait gâté par jalousie.

### CINQUIÈME PROPOSITION

*Le problème essentiel pour l'espèce humaine, celui
que la nature contraint l'homme à résoudre, c'est la
réalisation d'une* Société civile *administrant le droit de
façon universelle.* — Ce n'est que dans la société, et
plus précisément dans celle où l'on trouve le maximum
de liberté, par là même un antagonisme général entre
les membres qui la composent, et où pourtant l'on rencontre aussi le maximum de détermination et de garantie pour les limites de cette liberté, afin qu'elle soit compatible avec celle d'autrui ; ce n'est que dans une telle
société, disons-nous, que la nature peut réaliser son dessein suprême, c'est-à-dire le plein épanouissement de
toutes ses dispositions dans le cadre de l'humanité. Mais
la nature exige aussi que l'humanité soit obligée de réaliser par ses propres ressources ce dessein, de même que
toutes les autres fins de sa destination. Par conséquent
une société dans laquelle *la liberté soumise à des lois
extérieures* se trouvera liée au plus haut degré possible
à une puissance irrésistible, c'est-à-dire une organisation
civile d'une équité parfaite, doit être pour l'espèce humaine la tâche suprême de la nature. Car la nature, en
ce qui concerne notre espèce, ne peut atteindre ses autres desseins qu'après avoir résolu et réalisé cette tâche.
C'est la détresse qui force l'homme, d'ordinaire si épris
d'une liberté sans bornes, à entrer dans un tel état de
contrainte, et, à vrai dire, c'est la pire des détresses : à
savoir, celle que les hommes s'infligent les uns aux autres, leurs inclinations ne leur permettant pas de subsister longtemps les uns à côté des autres dans l'état de li-

berté sans frein. Mais alors, dans l'enclos que représente
une association civile, ces mêmes inclinations produisent
précisément par la suite le meilleur effet. Ainsi dans une
forêt, les arbres, du fait même que chacun essaie de ra-
vir à l'autre l'air et le soleil, s'efforcent à l'envi de se dépasser les uns les autres, et par suite, ils poussent beaux
et droits. Mais au contraire, ceux qui lancent en liberté
leurs branches à leur gré, à l'écart d'autres arbres, poussent rabougris, tordus et courbés. Toute culture, tout art
formant une parure à l'humanité, ainsi que l'ordre social
le plus beau, sont les fruits de l'insociabilité, qui est forcée par elle-même de se discipliner, et d'épanouir de ce
fait complètement, en s'imposant un tel artifice, les germes de la nature.

### SIXIÈME PROPOSITION

*Ce problème est le plus difficile ; c'est aussi celui qui
sera résolu en dernier par l'espèce humaine.* — La difficulté qui saute aux yeux dès que l'on conçoit la simple
idée de cette tâche, la voici : l'homme est un *animal* qui,
du moment où il vit parmi d'autres individus de son espèce, a *besoin d'un maître.* Car il abuse à coup sûr de sa
liberté à l'égard de ses semblables ; et, quoique, en tant
que créature raisonnable, il souhaite une loi qui limite la
liberté de tous, son penchant animal à l'égoïsme l'incite
toutefois à se réserver dans toute la mesure du possible
un régime d'exception pour lui-même. Il lui faut donc un
*maître* qui batte en brèche sa volonté particulière et le
force à obéir à une volonté universellement valable,
grâce à laquelle chacun puisse être libre. Mais où va-t-il
trouver ce maître ? Nulle part ailleurs que dans l'espèce
humaine. Or ce maître, à son tour, est tout comme lui
un animal qui a besoin d'un maître. De quelque façon
qu'il s'y prenne, on ne conçoit vraiment pas comment il

pourrait se procurer pour établir la justice publique un chef juste par lui-même : soit qu'il choisisse à cet effet une personne unique, soit qu'il s'adresse à une élite de personnes triées au sein d'une société. Car chacune d'elles abusera toujours de la liberté si elle n'a personne au-dessus d'elle pour imposer vis-à-vis d'elle-même l'autorité des lois. Or le chef suprême doit être juste *pour lui-même*, et cependant être un *homme*. Cette tâche est par conséquent la plus difficile à remplir de toutes ; à vrai dire sa solution parfaite est impossible ; le bois dont l'homme est fait est si noueux qu'on ne peut y tailler des poutres bien droites. La nature nous oblige à ne pas chercher autre chose qu'à nous approcher de cette idée[1]. Réaliser cette approximation, c'est aussi le travail auquel nous nous attelons le plus tardivement : ceci résulte du fait que, pour y parvenir, ce qui est exigé, ce sont des *concepts exacts* touchant la nature d'une constitution possible, c'est une grande expérience, riche du profit de maints voyages à travers le monde, et par-dessus tout, c'est une *bonne volonté*, disposée à accepter cette constitution. Trois conditions qui ne peuvent être réunies que difficilement et, quand cela se produit, ne peuvent l'être que très tardivement, après de multiples et vaines tentatives.

### SEPTIÈME PROPOSITION

*Le problème de l'établissement d'une constitution civile parfaite est lié au problème de l'établissement de relations régulières entre les États, et ne peut pas être résolu indépendamment de ce dernier.* — A quoi bon travailler à une constitution civile régulière, c'est-à-dire à l'établissement d'une communauté entre individus isolés? La même insociabilité qui contraignait les hommes à s'unir est à son tour la cause d'où il résulte que chaque communauté dans les relations extérieures, c'est-à-dire dans ses rapports avec les autres États, jouit d'une liberté sans contrainte ; par suite chaque État doit s'attendre à subir de la part des autres exactement les mêmes maux qui pesaient sur les hommes et les contraignaient à entrer dans un État civil régi par des lois. La nature a donc utilisé une fois de plus l'incompatibilité des hommes et même l'incompatibilité entre grandes sociétés et corps politiques auxquels se prête cette sorte de créatures, comme un moyen pour forger au sein de leur inévitable antagonisme un état de calme et de sécurité. Ainsi, par le moyen des guerres, des préparatifs excessifs et incessants en vue des guerres et de la misère qui s'ensuit intérieurement pour chaque État, même en temps de paix, la nature, dans des tentatives d'abord imparfaites, puis finalement, après bien des ruines, bien des naufrages, après même un épuisement intérieur radical de leurs forces, pousse les États à faire ce que la raison aurait aussi bien pu leur apprendre sans qu'il leur en coûtât d'aussi tristes épreuves, c'est-à-dire à sortir de l'état anarchique de sauvagerie, pour entrer dans une *Société des Nations*. Là, chacun, y compris le plus petit État, pourrait attendre la garantie de sa sécurité et de ses droits non pas de sa propre puissance ou de la propre appréciation de son droit, mais uniquement de cette grande Société des Nations (Fœdus Amphyctionum), c'est-à-dire d'une force unie et d'une décision prise en vertu des lois fondées sur l'accord des volontés. Si romanesque que puisse paraître cette idée, et bien qu'elle ait été rendue ridicule chez un Abbé de Saint-Pierre ou un Rousseau (peut-être parce qu'ils en croyaient la réalisation toute proche), telle est pourtant bien l'issue inévitable de la misère où les hommes se plongent les uns les autres, et qui doit forcer les États à adopter la résolution (même si ce pas leur coûte beaucoup) que l'homme sauvage avait accepté jadis tout aussi à contre-cœur : résolution de renoncer à la liberté brutale pour chercher repos et sécurité dans une constitution conforme à des lois. Toutes les guerres sont de ce fait autant de tentatives (non pas bien entendu dans l'intention des hommes, mais dans celle de la nature) pour réaliser de nouvelles relations entre les États, et, par leur destruction, ou du moins par leur démembrement général, pour former de nouveaux corps ; ceux-ci à leur tour, soit dans leurs rapports internes, soit dans leurs relations mutuelles ne peuvent se maintenir, et par conséquent doivent subir d'autres révolutions analogues. Un jour enfin, en partie par l'établissement le plus adéquat de la constitution civile sur le plan intérieur, en partie sur le plan extérieur par une convention et une législation communes, un état de choses s'établira qui, telle une communauté civile universelle, pourra se maintenir par lui-même comme un automate.

Et maintenant, est-ce d'un concours *épicurien* des causes efficientes qu'il nous faut attendre que les États, comme les atomes de la matière, essaient, en s'entre-choquant au hasard, toutes sortes de structures qu'un nouveau choc détruira à leur tour, jusqu'à ce qu'enfin, un jour, *par hasard,* l'une d'elles réussisse à se conserver dans sa forme (heureux hasard, dont on n'imagine pas sans peine la réussite !) ? Ou bien doit-on plutôt admettre que la nature suit ici un cours régulier en conduisant notre espèce du degré inférieur de l'animalité au degré supérieur de l'humanité par un art qui lui est propre, bien qu'imposé de force à l'homme, tandis qu'elle développe ces dispositions primitives, selon un plan tout à fait régulier en dépit du désordre apparent qui préside à son arrangement ?

Ou bien prétendra-t-on au contraire que toutes ces actions et réactions des hommes, dans leur ensemble, n'aboutissent nulle part à rien, à rien de sage du moins, que tout continuera comme par le passé et qu'on ne peut prévoir si la discorde naturelle à notre espèce ne nous préparera pas finalement, malgré l'état de civilisation, un enfer de maux, en anéantissant peut-être une fois de plus par une destruction barbare cette civilisation et tous les progrès que nous fîmes jusqu'ici dans la culture (menace d'un destin dont rien ne saurait nous garantir sous le règne du hasard aveugle qui pratiquement s'identifie à la liberté sans loi, à moins qu'on ne soumette cette liberté à un principe naturel d'une secrète sagesse) ?

Toutes ces hypothèses reviennent à peu près à se poser la question suivante : est-il raisonnable d'admettre la finalité de l'organisation de la nature dans le détail et cependant l'absence de finalité dans l'ensemble ? L'état des sauvages, dépourvu de finalité, d'abord entrave toutes les dispositions naturelles de notre espèce ; mais, en fin de compte, il les a forcés, par le moyen des maux où il les plongeait, à sortir de cet état pour entrer dans une constitution civile où tous ces germes ont pu se développer. La liberté barbare des États déjà établis réalise également cette transformation. En effet, l'application de toutes les forces des communautés à s'armer les unes contre les autres, les ravages que provoque la guerre, et bien plus encore la nécessité de se sentir continuellement prêt à la guerre, gênent le complet développement des dispositions de la nature dans leur cours. Mais par contre aussi, les maux qui découlent de cette situation contraignent notre espèce à imaginer une loi de compensation en face de cette opposition (en soi-même salutaire), que manifestent nombre d'États vivant côte à côte, et, pour donner du poids à cette loi, à introduire une force unifiée, et par suite une situation cosmopolitique de sécurité publique des États, d'où le danger ne soit pas tout à fait exclu (car il ne faut pas que les forces des hommes

s'assoupissent complètement), mais que règle un principe *d'égalité* pour leurs *actions* et *réactions mutuelles*,
afin qu'ils ne se détruisent pas les uns les autres. Tant
que ce dernier pas n'est point franchi, (à savoir l'association des États), ce qui ne représente guère qu'une
moitié du développement pour la nature humaine, cette
dernière endure les pires maux sous l'apparence trom-
peuse d'un bien-être extérieur ; et Rousseau n'avait pas
tellement tort de préférer l'état des sauvages, abstrac-
tion faite, évidemment, de ce dernier degré auquel notre
espèce doit encore s'élever. Nous sommes hautement
cultivés dans le domaine de l'art et de la science. Nous
sommes civilisés, au point d'en être accablés, pour ce qui
est de l'urbanité et des bienséances sociales de tout ordre. Mais quant à nous considérer comme déjà *moralisés*,
il s'en faut encore de beaucoup. Car l'idée de la moralité appartient encore à la culture ; par contre,
l'application de cette idée, qui aboutit seulement à une
apparence de moralité dans l'honneur et la bienséance
extérieure, constitue simplement la civilisation. Mais
aussi longtemps que des États consacreront toutes leurs
forces à des vues d'expansion chimériques et violentes,
et entraveront ainsi sans cesse le lent effort de formation
intérieure de la pensée chez leurs citoyens, les privant
même de tout secours dans la réalisation de cette fin, on
ne peut escompter aucun résultat de ce genre ; car un
long travail intérieur est nécessaire de la part de chaque
communauté pour former à cet égard ses citoyens. Par
contre, tout bien qui n'est pas greffé sur une disposition
moralement bonne n'est que pure chimère et faux clin-
quant. Le genre humain restera sans doute dans cette
position jusqu'à ce que, de la manière que je viens d'indiquer, il se dégage laborieusement de la situation chao-
tique où se trouvent les rapports entre États.

### HUITIÈME PROPOSITION

*On peut envisager l'histoire de l'espèce humaine en gros comme la réalisation d'un plan caché de la nature pour produire une constitution politique parfaite sur le plan intérieur, et,* en fonction de ce but à atteindre, *également parfaite sur le plan extérieur ; c'est le seul état de choses dans lequel la nature peut développer complètement toutes les dispositions qu'elle a mises dans l'humanité.* — Cette proposition découle de la précédente. On le voit, la philosophie pourrait bien avoir aussi son millénarisme (Chiliasmus) ; mais pour en favoriser l'avènement, l'idée qu'elle s'en fait, encore de très loin seulement, peut jouer un rôle par elle-même. Ce n'est donc nullement une rêverie de visionnaire. Il s'agit seulement de savoir si l'expérience révèle quelque chose qui justifie un tel processus dans les plans de la nature. Je dis « un tant soit peu », car ce circuit semble exiger un tel laps de temps avant de se fermer que, si nous nous fondons sur la portion infime parcourue jusqu'ici par l'humanité dans ce domaine, on ne peut déterminer la forme de ce circuit et les rapports des parties au tout qu'avec bien peu de certitude. Pareillement, en s'appuyant sur toutes les observations du ciel faites jusqu'ici, entrevoit-on bien difficilement la course qu'accomplit notre soleil et tout son cortège de satellites dans le grand système des planètes ; cependant le peu qu'on a observé du fondement général de la constitution systématique de l'édifice du monde nous donne assez de certitude pour conclure à la réalité de cette révolution. En attendant, la nature humaine adopte l'attitude suivante : Même à l'égard de l'époque la plus éloignée que doit atteindre notre espèce, elle ne demeure pas indifférente, à condition de pouvoir l'atteindre avec certitude. En particulier, nous pouvons d'autant moins être indifférents dans notre cas, puisque, semble-t-il, nous sommes capables par notre propre disposition raisonnable d'amener plus vite l'avènement de cette ère si heureuse pour nos descendants. A ce titre, pour nous-même, les faibles indices de son approche sont très importants. Aujourd'hui déjà, les États entretiennent des rapports mutuels si raffinés qu'aucun d'eux ne peut relâcher sa culture intérieure sans perdre à l'égard des autres de sa puissance et de son influence ; par conséquent, sinon le progrès, du moins la conservation de ce but naturel, est suffisamment garantie par les desseins ambitieux que ceux-ci nourrissent. Bien plus, la liberté du citoyen ne peut plus guère être attaquée sans que le préjudice s'en fasse sentir dans tous les métiers, et particulièrement dans le commerce ; mais aussi, du même coup, se manifeste l'affaiblissement des forces de l'État dans ses relations extérieures. Or cette liberté s'étend d'une manière continue. Quand on empêche le citoyen de chercher son bien-être par tous les moyens qu'il lui plaît, avec la seule réserve que ces moyens soient compatibles avec la liberté d'autrui, on entrave le déploiement de l'activité générale, par suite en retour, les forces de la collectivité. C'est pourquoi les restrictions apportées à la personne, dans ses faits et gestes, sont de plus en plus atténuées ; c'est pourquoi la liberté universelle de religion est reconnue ; ainsi perce peu à peu sous un arrière-fond d'illusions et de chimères, l'*ère des lumières ;* c'est là un grand bien dont le genre humain doit profiter en utilisant même la soif égoïste de grandeur de ses chefs, pour peu que ceux-ci comprennent leur propre intérêt. Mais ces lumières, et avec elles encore un certain attachement que l'homme éclairé témoigne inévitablement pour le bien dont il a la parfaite intelligence, doivent peu à peu accéder jusqu'aux trônes et avoir à leur tour une influence sur les principes de gouvernement. Prenons un exemple : si nos gouver-

nements actuels ne trouvent plus d'argent pour sub-
ventionner les établissements d'éducation publique, et
d'une manière générale pour tout ce qui représente au
monde les vraies valeurs, parce que tout est déjà dé-
pensé par avance pour la guerre à venir, il y va pourtant de leur véritable intérêt de ne pas entraver du moins
les efforts, certes bien faibles et lents, que leurs peuples
accomplissent à titre privé dans ce domaine. Et enfin la
guerre ne se borne pas à être une entreprise aux rouages
très subtils, très incertaine quant au dénouement pour
les deux camps ; mais encore pour les fâcheuses conséquences dont se ressent l'État écrasé sous le poids d'une
dette toujours croissante (c'est là une invention mo-
derne), et dont l'amortissement devient imprévisible, elle
finit par devenir une affaire épineuse ; en même temps
l'influence que le seul ébranlement d'un État fait subir à
tous les autres finit par devenir si sensible (tant chacun
d'eux est indissolublement lié aux autres sur notre continent par ses industries) que ceux-ci sont obligés par la
crainte du danger qui les menace, et hors de toute considération législatrice, de s'offrir comme arbitres, et ainsi,
longtemps à l'avance, de faire tous les préparatifs pour
l'avènement d'un grand organisme politique futur dont le
monde passé ne saurait produire aucun exemple. Bien
que cet organisme politique pour le moment ne soit encore qu'une ébauche très grossière, un sentiment se fait
déjà pour ainsi dire jour chez tous les membres ; la conservation de la collectivité leur importe. Ce qui donne
l'espoir qu'après maintes révolutions et maints changements, finalement, ce qui est le dessein suprême de la
nature, un *État cosmopolitique universel, arrivera un
jour à s'établir :* foyer où se développeront toutes les dispositions primitives de l'espèce humaine.

## NEUVIÈME PROPOSITION

*Une tentative philosophique pour traiter l'histoire universelle en fonction du plan de la nature, qui vise à une unification politique totale dans l'espèce humaine, doit être envisagée comme possible et même comme avantageuse pour ce dessein de la nature.* — C'est un projet à vrai dire étrange, et en apparence extravagant, que de vouloir composer une *histoire* d'après l'idée de la marche que le monde devrait suivre, s'il était adapté à des buts raisonnables certains ; il semble qu'avec une telle intention, on ne puisse aboutir qu'a un roman. Cependant, si on peut admettre que la nature même, dans le jeu de la liberté humaine, n'agit pas sans plan ni sans dessein final, cette idée pourrait bien devenir utile ; et, bien que nous ayons une vue trop courte pour pénétrer dans le mécanisme secret de son organisation, cette idée pourrait nous servir de fil conducteur pour nous représenter ce qui ne serait sans cela qu'un *agrégat* des actions humaines comme formant, du moins en gros, un *système*. Partons en effet de l'histoire *grecque*, la seule qui nous transmette toutes les autres histoires qui lui sont antérieures ou contemporaines, ou qui du moins nous apporte des documents à ce sujet[2] ; suivons son influence sur la formation et le déclin du corps politique du peuple *romain*, lequel a absorbé l'État grec ; puis l'influence du peuple romain sur les *Barbares* qui à leur tour le détruisirent, pour en arriver jusqu'à notre époque ; mais joignons-y en même temps *épisodiquement* l'histoire politique des autres peuples, telle que la connaissance en est peu à peu parvenue à nous par l'intermédiaire précisément de ces nations éclairées.

On verra alors apparaître un progrès régulier du perfectionnement de la constitution politique dans notre continent (qui vraisemblablement donnera un jour des lois à tous les autres).

Bornons-nous donc à considérer la constitution politique et ses lois d'une part, les rapports internationaux d'autre part, dans la mesure où les deux choses ont, par ce qu'elles renfermaient de bon, servi pendant un certain temps à élever des peuples (du même coup à élever les arts et les sciences), et à les faire briller, mais dans la mesure aussi où ils ont servi à précipiter leur chute par des imperfections inhérentes à leur nature (en sorte qu'il est pourtant toujours resté un germe de lumières, germe qui, au travers de chaque révolution se développant davantage, a préparé un plus haut degré de perfectionnement) ; alors nous découvrirons un fil conducteur qui ne sera pas seulement utile à l'explication du jeu embrouillé des affaires humaines ou à la prophétie politique des transformations civiles futures — (profit qu'on a déjà tiré de l'histoire des hommes, tout en ne la considérant que comme le résultat incohérent d'une liberté sans règle) — ; mais ce fil conducteur ouvrira encore (ce qu'on ne peut raisonnablement espérer sans présupposer un plan de la nature) une perspective consolante sur l'avenir où l'espèce humaine nous sera représentée dans une ère très lointaine sous l'aspect qu'elle cherche de toutes ses forces à revêtir : s'élevant jusqu'à l'état où tous les germes que la nature a placés en elle pourront être pleinement développés et où sa destinée ici-bas sera pleinement remplie. Une telle justification de la nature ou mieux de la Providence n'est pas un motif négligeable pour choisir un centre particulier de perspective sur le monde. Car à quoi bon chanter la magnificence et la sagesse de la création dans le domaine de la nature où la raison est absente ; à quoi bon recommander cette contemplation, si, sur la vaste scène où agit la sagesse suprême, nous trouvons un terrain qui fournit une objection inéluctable et dont la vue nous oblige à détourner les yeux avec mauvaise humeur de ce spectacle ? Et ce serait le terrain même qui représente le but final de tout le reste : l'histoire de l'espèce humaine. Car nous désespérerions alors de jamais rencontrer ici un dessein achevé et raisonnable, et nous ne pourrions plus espérer cette rencontre que dans un autre monde.

Croire que j'ai voulu, avec cette idée d'une histoire du monde qui possède dans une certaine mesure un fil conducteur *a priori*, évincer l'étude de l'histoire proprement dite comprise de façon *empirique*, ce serait se méprendre sur mon intention ; j'ai simplement été guidé par la pensée de ce qu'une tête philosophique (qui, par ailleurs, devrait être très avertie des problèmes historiques) pourrait encore tenter de faire en se plaçant à un autre point de vue : En outre la minutie, louable sans doute, avec laquelle on rédige à présent l'histoire contemporaine, doit malgré tout faire naître naturellement en chacun une inquiétude : celle de savoir comment nos descendants éloignés s'y prendront pour soulever le fardeau de l'histoire que nous pourrons leur laisser d'ici quelques siècles. Sans aucun doute, ils apprécieront celle des temps les plus reculés, dont les documents se seront perdus pour eux depuis longtemps, du seul point de vue de la contribution ou du préjudice que les peuples et les régimes ont apporté sur le plan cosmopolitique. Prendre garde à cela et tenir compte aussi tant de l'ambition des chefs d'État que de celle de leurs serviteurs, pour attirer leur attention sur le seul moyen qu'ils ont de transmettre leur glorieux souvenir à la postérité, voilà encore un petit motif supplémentaire pour tenter une telle histoire philosophique.

# 3

## RÉPONSE A LA QUESTION :
## QU'EST-CE QUE « LES LUMIÈRES » ?

Qu'est-ce que les Lumières ? *La sortie de l'homme de sa Minorité, dont il est lui-même responsable. Minorité,* c'est-à-dire incapacité de se servir de son entendement sans la direction d'autrui, minorité *dont il est lui-même responsable,* puisque la cause en réside non dans un défaut de l'entendement, mais dans un manque de décision et de courage de s'en servir sans la direction d'autrui. *Sapere aude!* Aie le courage de te servir de ton propre entendement. Voilà la devise des lumières.

La paresse et la lâcheté sont les causes qui expliquent qu'un si grand nombre d'hommes, après que la nature les a affranchis depuis longtemps d'une direction étrangère (*naturaliter maiorennes*), restent cependant volontiers, leur vie durant, mineurs, et qu'il soit si facile à d'autres de se poser en tuteurs des premiers. Il est si aisé d'être mineur ! Si j'ai un livre, qui me tient lieu d'entendement, un directeur, qui me tient lieu de conscience, un médecin, qui décide pour moi de mon régime, etc..., je n'ai vraiment pas besoin de me donner de peine moi-même. Je n'ai pas besoin de penser, pourvu que je puisse payer ; d'autres se chargeront bien de ce travail ennuyeux. Que la grande majorité des hommes (y compris le sexe faible tout entier) tienne aussi pour très dangereux ce pas en avant vers leur majorité, outre que c'est une chose pénible, c'est ce à quoi s'emploient fort bien les tuteurs qui, très aimablement, ont pris sur eux d'exercer une haute direction sur l'humanité. Après avoir rendu bien sot leur bétail, et avoir soigneusement

pris garde que ces paisibles créatures n'aient pas la permission d'oser faire le moindre pas hors du parc où ils
les ont enfermées, ils leur montrent le danger qui les
menace, si elles essaient de s'aventurer seules au dehors. Or ce danger n'est vraiment pas si grand ; car
elles apprendraient bien enfin, après quelques chutes, à
marcher ; mais un accident de cette sorte rend néanmoins timide, et la frayeur qui en résulte détourne ordinairement d'en refaire l'essai.

Il est donc difficile pour chaque individu séparément
de sortir de la minorité, qui est presque devenue pour lui
nature. Il s'y est si bien complu ; et il est pour le moment
réellement incapable de se servir de son propre entendement, parce qu'on ne l'a jamais laissé en faire l'essai.
Institutions et formules, ces instruments mécaniques
d'un usage de la raison, ou plutôt d'un mauvais usage des
dons naturels, voilà les grelots que l'on a attachés aux
pieds d'une minorité qui persiste. Quiconque même les
rejetterait ne pourrait faire qu'un saut mal assuré par
dessus les fossés les plus étroits, parce qu'il n'est pas ha-
bitué à remuer ses jambes en liberté. Aussi sont-ils peu
nombreux, ceux qui sont arrivés, par le propre travail de
leur esprit, à s'arracher à la minorité et à pouvoir marcher d'un pas assuré.

Mais qu'un public s'éclaire lui-même, rentre davantage dans le domaine du possible, c'est même, pour peu
qu'on lui en laisse la liberté, à peu près inévitable. Car
on rencontrera toujours quelques hommes qui pensent
de leur propre chef, parmi les tuteurs patentés de la
masse et qui, après avoir eux-mêmes secoué le joug de
la minorité, répandront l'esprit d'une estimation raisonnable de sa valeur propre et de la vocation de chaque
homme à penser par soi-même. Notons en particulier
que le public qui avait été mis auparavant par eux sous
ce joug, les force ensuite lui-même à se placer dessous,

une fois qu'il a été incité à l'insurrection par quelques-uns de ses tuteurs incapables eux-mêmes de toute lumière : tant il est préjudiciable d'inculquer des préjugés parce qu'en fin de compte ils se vengent eux-mêmes de ceux qui en furent les auteurs ou de leurs devanciers. Aussi un public ne peut-il parvenir que lentement aux lumières. Une révolution peut bien entraîner une chute du despotisme personnel et de l'oppression intéressée ou ambitieuse, mais jamais une vraie réforme de la méthode de penser ; tout au contraire, de nouveaux préjugés surgiront qui serviront, aussi bien que les anciens, de lisière à la grande masse privée de pensée.

Or, pour ces lumières, il n'est rien requis d'autre que la *liberté ;* et à vrai dire la liberté la plus inoffensive de tout ce qui peut porter ce nom, à savoir celle de faire un *usage public* de sa raison dans tous les domaines. Mais j'entends présentement crier de tous côtés : «*Ne raisonnez pas* » ! L'officier dit : Ne raisonnez pas, exécutez ! Le financier : « Ne raisonnez pas, payez ! » Le prêtre : « Ne raisonnez pas, croyez ! » (Il n'y a qu'un seul maître au monde qui dise « *Raisonnez* autant que vous voudrez et sur tout ce que vous voudrez, *mais obéissez !* ») Il y a partout limitation de la liberté. Mais quelle limitation est contraire aux lumières ? Laquelle ne l'est pas, et, au contraire lui est avantageuse ? — Je réponds : l'usage *public* de notre propre raison doit toujours être libre, et lui seul peut amener les lumières parmi les hommes ; mais son *usage privé* peut être très sévèrement limité, sans pour cela empêcher sensiblement le progrès des lumières. J'entends par usage public de notre propre raison celui que l'on en fait comme *savant* devant l'ensemble du public *qui lit.* J'appelle usage privé celui qu'on a le droit de faire de sa raison dans un *poste civil* ou une fonction déterminée qui vous sont confiés. Or il y a pour maintes affaires qui concourent à l'intérêt de la communauté un certain mécanisme qui est nécessaire et par le moyen duquel quelques membres de la communauté doivent simplement se comporter passivement afin d'être tournés, par le gouvernement, grâce à une unanimité artificielle, vers des fins publiques ou du moins pour être empêchés de détruire ces fins. Là il n'est donc pas permis de raisonner ; il s'agit d'obéir. Mais, qu'une pièce de la machine se présente en même temps comme membre d'une communauté, et même de la société civile universelle, en qualité de savant, qui, en s'appuyant sur son propre entendement, s'adresse à un public par des écrits : il peut en tout cas raisonner, sans qu'en pâtissent les affaires auxquelles il est préposé partiellement en tant que membre passif. Il serait très dangereux qu'un officier à qui un ordre a été donné par son supérieur, voulût raisonner dans son service sur l'opportunité ou l'utilité de cet ordre ; il doit obéir. Mais si l'on veut être juste, il ne peut pas lui être défendu, en tant que savant, de faire des remarques sur les fautes en service de guerre et de les soumettre à son public pour qu'il les juge. Le citoyen ne peut refuser de payer les impôts qui lui sont assignés : même une critique impertinente de ces charges, s'il doit les supporter, peut être punie en tant que scandale (qui pourrait occasionner des désobéissances généralisées). Cette réserve faite, le même individu n'ira pas à l'encontre des devoirs d'un citoyen, s'il exprime comme savant, publiquement, sa façon de voir contre la maladresse ou même l'injustice de telles impositions. De même un prêtre est tenu de faire l'enseignement à des catéchumènes et à sa paroisse selon le symbole de l'Église qu'il sert, car il a été admis sous cette condition. Mais, en tant que savant, il a pleine liberté, et même plus : il a la mission de communiquer au public toutes ses pensées soigneusement pesées et bien intentionnées sur ce qu'il y a d'incorrect dans ce symbole et de lui soumettre ses projets en vue d'une meilleure organisation de la chose religieuse et ecclésiastique. En cela non plus il n'y a rien qui pourrait être porté à charge à sa conscience. Car ce qu'il enseigne par suite de ses fonctions, comme mandataire de l'Église, il le présente comme quelque chose au regard de quoi il n'a pas libre pouvoir d'enseigner selon son opinion personnelle, mais en tant qu'enseignement qu'il s'est engagé à professer au nom d'une autorité étrangère.

Il dira « Notre Église enseigne telle ou telle chose. Voici les arguments dont elle se sert ». Il tirera en cette occasion pour sa paroisse tous les avantages pratiques de propositions auxquelles il ne souscrirait pas en toute conviction, mais qu'il s'est pourtant engagé à exposer parce qu'il n'est pas entièrement impossible qu'il s'y trouve une vérité cachée, et qu'en tout cas, du moins, rien ne s'y trouve qui contredise la religion intérieure. Car, s'il croyait y trouver rien de tel, il ne saurait en conscience conserver ses fonctions ; il devrait s'en démettre. Par conséquent l'usage de sa raison que fait un éducateur en exercice devant son assistance est seulement un *usage privé*, parce qu'il s'agit simplement d'une réunion de famille, si grande que celle-ci puisse être, et, par rapport à elle, en tant que prêtre, il n'est pas libre et ne doit pas non plus l'être, parce qu'il remplit une fonction étrangère. Par contre, en tant que savant, qui parle par des écrits au public proprement dit, c'est-à-dire au monde, — tel donc un membre du clergé dans *l'usage public* de sa raison — il jouit d'une liberté sans bornes d'utiliser sa propre raison et de parler en son propre nom. Car prétendre que les tuteurs du peuple (dans les affaires spirituelles) doivent être eux-mêmes à leur tour mineurs, c'est là une ineptie, qui aboutit à la perpétuation éternelle des inepties.

Mais une telle société ecclésiastique, en quelque sorte

un synode d'Églises, ou une classe de Révérends (comme elle s'intitule elle-même chez les Hollandais), ne devrait-elle pas être fondée en droit à faire prêter serment sur un certain symbole immuable, pour faire peser par ce procédé une tutelle supérieure incessante sur chacun de ses membres, et, par leur intermédiaire, sur le peuple, et pour précisément éterniser cette tutelle ? Je dis que c'est totalement impossible. Un tel contrat qui déciderait d'écarter pour toujours toute lumière nouvelle du genre humain, est radicalement nul et non avenu ; quand bien même serait-il entériné par l'autorité suprême, par des Parlements, et par les traités de paix les plus solennels. Un siècle ne peut pas se confédérer et jurer de mettre le suivant dans une situation qui lui rendra impossible d'étendre ses connaissances (particulièrement celles qui sont d'un si haut intérêt), de se débarrasser des erreurs, et en général de progresser dans les lumières. Ce serait un crime contre la nature humaine, dont la destination originelle consiste justement en ce progrès ; et les successeurs sont donc pleinement fondés à rejeter pareils décrets, en arguant de l'incompétence et de la légèreté qui y présidèrent. La pierre de touche de tout ce qui peut être décidé pour un peuple sous forme de loi tient dans la question suivante : « Un peuple accepterait-il de se donner lui-même pareille loi ? » Éventuellement il pourrait arriver que cette loi fût en quelque manière possible pour une durée déterminée et courte, dans l'attente d'une loi meilleure, en vue d'introduire un certain ordre. Mais c'est à la condition de laisser en même temps à chacun des citoyens, et particulièrement au prêtre, en sa qualité de savant, la liberté de formuler des remarques sur les vices inhérents à l'institution actuelle, et de les formuler d'une façon publique, c'est-à-dire par des écrits, tout en laissant subsister l'ordre établi. Et cela jusqu'au jour où l'examen de la nature de ces

choses aura été conduit assez loin et assez confirmé pour
que, soutenu par l'accord des voix (sinon de toutes), un
projet puisse être porté devant le trône : projet destiné à
protéger les communautés qui se seraient unies, selon
leurs propres conceptions, pour modifier l'institution religieuse, mais qui ne contraindrait pas ceux qui vou-
draient demeurer fidèles à l'ancienne. Mais, s'unir par
une constitution durable qui ne devrait être mise en
doute par personne, ne fût-ce que pour la durée d'une vie
d'homme, et par là frapper de stérilité pour le progrès
de l'humanité un certain laps de temps, et même le rendre nuisible pour la postérité, voilà ce qui est absolument
interdit.

Un homme peut bien, en ce qui le concerne, ajourner
l'acquisition d'un savoir qu'il devrait posséder. Mais y
renoncer, que ce soit pour sa propre personne, et bien
plus encore pour la postérité, cela s'appelle voiler les
droits sacrés de l'humanité et les fouler aux pieds. Or, ce
qu'un peuple lui-même n'a pas le droit de décider quant
à son sort, un monarque a encore bien moins le droit de
le faire pour le peuple, car son autorité législative pro-
cède justement de ce fait qu'il rassemble la volonté
générale du peuple dans la sienne propre. Pourvu seulement qu'il veille à ce que toute amélioration réelle ou
supposée se concilie avec l'ordre civil, il peut pour le
reste laisser ses sujets faire de leur propre chef ce qu'ils
trouvent nécessaire d'accomplir pour le salut de leur
âme ; ce n'est pas son affaire, mais il a celle de bien
veiller à ce que certains n'empêchent point par la force
les autres de travailler à réaliser et à hâter ce salut de
toutes les forces en leur pouvoir. Il porte même préjudice à sa majesté même s'il s'immisce en cette affaire
en donnant une consécration officielle aux écrits dans
lesquels ses sujets s'efforcent de tirer leurs vues au
clair, soit qu'il le fasse sous sa propre et très haute auto-

rité, ce en quoi il s'expose au grief « *César n'est pas au-dessus des grammairiens* », soit, et encore plus, s'il abaisse sa suprême puissance assez bas pour protéger dans son État le despotisme clérical et quelques tyrans contre le reste de ses sujets.

Si donc maintenant on nous demande : « Vivons-nous actuellement dans un siècle *éclairé ?* », voici la répon-se : « Non, mais bien dans un siècle en *marche vers les lumières.* » Il s'en faut encore de beaucoup, au point où en sont les choses, que les humains, considérés dans leur ensemble, soient déjà en état, ou puissent seulement y être mis, d'utiliser avec maîtrise et profit leur propre entendement, sans le secours d'autrui, dans les choses de la religion.

Toutefois, qu'ils aient maintenant le champ libre pour s'y exercer librement, et que les obstacles deviennent in-sensiblement moins nombreux, qui s'opposaient à l'avè-nement d'une ère générale des lumières et à une sortie de cet état de minorité dont les hommes sont eux-mêmes responsables, c'est ce dont nous avons des indices cer-tains. De ce point de vue, ce siècle est le siècle des lu-mières, ou siècle de Frédéric.

Un prince qui ne trouve pas indigne de lui de dire qu'il tient pour un devoir de ne rien prescrire dans les affaires de religion aux hommes, mais de leur laisser en cela pleine liberté, qui par conséquent décline pour son compte l'épithète hautaine de *tolérance,* est lui-même éclairé : et il mérite d'être honoré pas ses contemporains et la postérité reconnaissante, eu égard à ce que le pre-mier il sortit le genre humain de la minorité, du moins dans un sens gouvernemental, et qu'il laissa chacun libre de se servir en tout ce qui est affaire de conscience, de sa propre raison. Sous lui, des prêtres vénérables ont le droit, sans préjudice des devoirs professionnels, de profé-rer leurs jugements et leurs vues qui s'écartent du symbole officiel, en qualité d'érudits, et ils ont le droit de les soumettre librement et publiquement à l'examen du monde, à plus forte raison toute autre personne qui n'est limitée par aucun devoir professionnel. Cet esprit de liberté s'étend encore à l'extérieur, même là où il se heurte à des obstacles extérieurs de la part d'un gouvernement qui méconnaît son propre rôle. Cela sert au moins d'exemple à ce dernier pour comprendre qu'il n'y a pas à concevoir la moindre inquiétude pour la durée publique et l'unité de la chose commune dans une atmosphère de liberté. Les hommes se mettent d'eux-mêmes en peine peu à peu de sortir de la grossièreté, si seulement on ne s'évertue pas à les y maintenir.

J'ai porté le point essentiel dans l'avènement des lumières sur celles par lesquelles les hommes sortent d'une minorité dont ils sont eux-mêmes responsables, — surtout sur les *questions de religion ;* parce que, en ce qui concerne les arts et les sciences, nos maîtres n'ont aucun intérêt à jouer le rôle de tuteurs sur leurs sujets ; par dessus le marché, cette minorité dont j'ai traité est la plus préjudiciable et en même temps la plus déshonorante de toutes. Mais la façon de penser d'un chef d'État qui favorise les lumières, va encore plus loin, et reconnaît que, même du point de vue de sa *législation,* il n'y a pas danger à permettre à ses sujets de faire un usage *public* de leur propre raison et de produire publiquement à la face du monde leurs idées touchant une élaboration meilleure de cette législation même au travers d'une franche critique de celle qui a déjà été promulguée ; nous en avons un exemple illustre, par lequel aucun monarque n'a surpassé celui que nous honorons.

Mais aussi, seul celui qui, éclairé lui-même, ne redoute pas l'ombre, tout en ayant sous la main une armée nombreuse et bien disciplinée pour garantir la tranquillité publique, peut dire ce qu'un État libre ne peut oser :

« *Raisonnez tant que vous voudrez et sur les sujets qu'il vous plaira, mais obéissez !* ».

Ainsi les affaires humaines prennent ici un cours étrange et inattendu : de toutes façons, si on considère celui-ci dans son ensemble, presque tout y est paradoxal. Un degré supérieur de liberté civile paraît avantageux à la liberté de l'*esprit* du peuple et lui impose néanmoins des limites infranchissables ; un degré moindre lui fournit l'occasion de s'étendre de tout son pouvoir. Une fois donc que la nature sous cette rude écorce a libéré un germe, sur lequel elle veille avec toute sa tendresse, c'est-à-dire cette inclination et cette disposition à la libre *pensée*, cette tendance alors agit graduellement à rebours sur les sentiments du peuple (ce par quoi le peuple augmente peu à peu son aptitude à *se comporter en liberté*) et pour finir elle agit même en ce sens sur les *fondements du gouvernement*, lequel trouve profitable pour lui-même de traiter l'homme, qui est alors *plus qu'une machine*, selon la dignité qu'il mérite.

Dans les *Nouvelles Hebdomadaires de Bueschning* du 13 septembre, je lis aujourd'hui 30 du même mois l'annonce de la *Revue Mensuelle Berlinoise*, où se trouve la réponse de M. Mendelssohn à la même question. Je ne l'ai pas encore eue entre les mains ; sans cela elle aurait arrêté ma présente réponse, qui ne peut plus être considérée maintenant que comme un essai pour voir jusqu'où le hasard peut réaliser l'accord des pensées.

# 4

# COMPTE RENDU DE L'OUVRAGE DE HERDER:

## «IDÉES EN VUE D'UNE PHILOSOPHIE DE L'HISTOIRE DE L'HUMANITÉ »

Dans cet ouvrage, notre ingénieux et éloquent auteur fait montre d'une tournure d'esprit originale et déjà réputée. Aussi ne saurait-on le juger, non plus que tant d'autres écrits sortis de sa plume, selon le critère commun. On dirait que son génie ne se contente pas de recueillir les idées dans le vaste domaine des Sciences et des Arts, pour les adjoindre à d'autres idées susceptibles d'être communiquées ; mais c'est comme s'il les transformait selon (pour reprendre son langage) une certaine loi de l'assimilation et d'après un procédé qui lui est propre, pour les intégrer à la façon de penser spécifique de son esprit ; ce qui les rend notoirement distinctes de celles dont d'autres âmes se nourrissent et tirent profit et en même temps moins aptes à être communiquées. Aussi bien, ce qui pour lui s'appelle Philosophie de l'Histoire, risque fort d'être tout autre chose que ce qu'on entend habituellement sous cette dénomination : il ne s'agit pas ici de rigueur logique dans la détermination des concepts, non plus que d'une discrimination méticuleuse et d'une justification des principes, mais nous sommes en présence d'un large regard perspectif jeté sur les choses sans s'y attarder vraiment, d'une sagacité habile à déceler les analogies, d'une imagination hardie par ailleurs dans l'utilisation de celles-ci ; on doit y joindre l'art de nous disposer favorablement à l'égard du sujet traité, qu'il maintient toujours dans un vaporeux éloi-

gnement, grâce à un jeu de sentiments et d'impressions
qui se manifestent comme les effets d'une grande
densité de pensée ou comme des aperçus suggestifs, aptes de ce fait à laisser présumer en leur contenu davantage que ce qu'une froide analyse y décèlerait sans doute.
Toutefois, comme la liberté de pensée (elle est utilisée
ici à grande échelle), lorsqu'elle est pratiquée par un
esprit fécond, offre toujours matière à la réflexion, nous
allons essayer parmi les idées de notre auteur, dans la
mesure où faire se peut, de relever les plus essentielles,
celles qui lui sont les plus personnelles ; nous les expose-
rons en usant de son propre langage ; puis finalement
nous joindrons à cela quelques remarques d'ensemble.

Notre auteur commence par élargir la perspective,
afin d'assigner à l'homme sa place parmi les autres habitants des planètes qui font partie de notre système so-
laire. Ayant constaté cette situation moyenne, nullement
désavantageuse, qu'occupe le monde où il habite, il aboutit à la conclusion « d'une intelligence terrestre seulement moyenne et d'une vertu humaine bien plus équivoque encore, facteurs dont il faudra tenir compte. Mais
pourtant : nos pensées et nos facultés d'une part ne proviennent manifestement que de notre organisation terrestre ; elles tendent ensuite à se modifier et se transformer pour s'élever jusqu'à une certaine pureté, un certain affinement que la Création, celle dont nous faisons
partie, peut leur accorder ; d'autre part — si l'on veut
bien nous permettre de prendre l'analogie pour guide —
les choses ne doivent pas se passer autrement sur les autres planètes, on peut donc en tirer cette supposition que
l'homme poursuit un *but unique* commun avec les habitants de celles-là ; il ne se borne pas finalement à entreprendre une promenade vagabonde sur plusieurs d'entre
elles, il parvient peut-être même à entrer en relations
avec toutes les créatures arrivées à ce degré de maturité

et qui peuplent les mondes-frères, si variés et si riches
en nombre ». De là nous passons à des considérations
touchant les révolutions qui ont précédé l'apparition de
l'homme. « Avant que notre air, notre eau, notre terre
pussent être engendrés, maintes espèces de germes fu-
sionnant et précipitant les unes dans les autres étaient
nécessaires. Et la multiplicité des espèces de la terre,
des minéraux, des cristallisations, de l'organisation même
en coquillages, plantes, animaux, êtres humains pour
finir, combien cela ne présuppose-t-il pas de résorptions
et de révolutions d'un élément dans un autre ? Et lui, le
fils de tous les éléments et de tous les êtres, en qui tous
convergent dans la plus haute des sélections, lui qui pour
ainsi dire représente la fleur de la création terrestre, il
ne pouvait être autre chose que l'ultime rejeton de la
nature ; avant qu'il reçoive forme et droit d'accès, nombre d'évolutions et de révolutions devaient le précéder ».

La forme sphérique de la Terre lui offre matière à
s'étonner de l'unité qui en dépit de toute la diversité en
résulte. « Qui donc, ayant une fois considéré cette figure,
aurait pu se laisser aller à imposer à autrui la lettre d'un
credo philosophique et religieux ou à massacrer au nom
de ce credo avec un zèle obscur mais sacré » ? De
même l'inclinaison de l'écliptique lui fournit l'occasion
de disserter sur la destinée humaine. « Sous notre soleil
qui poursuit sa course oblique, toute activité humaine
s'insère dans le cadre de la périodicité annuelle ». Une
connaissance plus approfondie de l'atmosphère, et même
l'influence des corps célestes sur celle-ci le jour où nous
la connaîtrons mieux, nous promettent selon lui la révé-
lation d'une influence considérable qu'ils exercent sur
l'histoire de l'humanité. Au chapitre de la répartition des
terres et des mers, la structure terrestre est présentée
comme un principe d'explication pour la diversité de
l'histoire des peuples. « L'Asie est d'un seul tenant quant

aux mœurs et coutumes, tout comme elle forme un tout du point de vue du sol ; la petite Mer Rouge, par contre, détermine déjà une séparation des mœurs, le petit Golfe Persique encore davantage. En ce qui concerne l'Amérique, les nombreux lacs, montagnes et rivières, ainsi que la terre ferme n'ont pas sans raison pris une telle extension sous un climat tempéré, et la structure de l'Ancien continent a été établie par la nature en fonction du premier habitat humain autrement que dans le Nouveau Monde ».

Le livre deuxième a trait aux formes organisées terrestres ; il part du granit sur lequel ont agi la lumière, la chaleur, un air non épuré et l'eau, ce qui peut-être amena le silex à se transformer en calcaire au sein duquel les premiers êtres vivants du monde marin, les coquillages, ont pris forme. Plus loin, ce sont les débuts de la végétation. Comparaison entre la structure de l'homme et celle des plantes, entre l'amour sexuel chez le premier avec le phénomène floral chez les secondes. Utilité du règne végétal du point de vue humain. Le règne animal. Différenciation des animaux et des hommes en fonction des climats. Ceux de l'Ancien Monde sont imparfait. « Plus on s'éloigne de l'homme, plus les classes des créatures gagnent en extension, plus on s'en rapproche, plus leur nombre diminue. Chez toutes on discerne une forme fondamentale, une structure osseuse analogue. L'existence de ces transitions ne rend pas invraisemblable l'hypothèse chez les créatures marines, les plantes, peut-être même chez les êtres dits inanimés, d'une seule et même ébauche d'organisation qui les régit sous une forme seulement infiniment plus grossière et plus confuse. Au regard de l'Être éternel qui voit tout sous l'angle du système global, il est possible que la structure du cristal de glace en train de se créer et celle du flocon de neige qui s'y forme, entretiennent une fois encore un rapport d'analogie avec la formation de l'embryon dans le sein maternel. L'homme est une créature intermédiaire parmi les animaux, c'est-à-dire : il représente la forme la plus répandue, celle dans laquelle *tous les caractères de toutes les espèces* qui sont autour de lui se rassemblent dans l'organisation la plus fine. A partir de l'air et de l'eau je vois pour ainsi dire les animaux issus des hautes sphères et des profondeurs converger vers l'homme, et s'approcher pas à pas de sa forme ». Ce livre conclut : « Réjouis-toi de ton état, ô homme, et étudie-toi, ô noble créature intermédiaire, dans tout ce qui vit à l'entour de toi ».

Le livre troisième compare la structure des plantes et des animaux avec l'organisation humaine. Ici, du fait qu'il utilise les observations des physiographes pour justifier ses desseins, nous ne pouvons plus le suivre. Voici seulement quelques résultats. « A travers tels et tels de ces organes, la créature fait surgir du monde végétal inanimé l'excitation vivante ; et de la somme de celles-ci, épurées au travers de fins canaux, le médium de la sensation. Le résultat des excitations devient *instinct ;* le résultat de la sensation devient pensée ; éternelle marche en avant de la création organique, *dont les conditions premières avaient été placées en chaque créature vivante* ». Notre auteur ne s'en remet pas à des germes, mais à une force organique, aussi bien chez les plantes que chez les animaux. Il nous dit : « Tout comme la plante elle-même représente une vie organique, de même le polype également. Par suite il existe de nombreuses forces organiques, celles de la végétation, des excitations musculaires, de la sensation. Plus il y a de nerfs et plus les nerfs sont délicats, plus le cerveau est grand, plus l'espèce fait par suite montre d'intelligence. *L'âme animale* est la somme de toutes les forces organiques qui agissent dans un système organique ; et l'instinct n'est pas une force naturelle particulière, mais la direction que la nature a donnée à ces forces réunies par un certain dosage. Plus l'unique principe organique de la nature — que nous appelons tantôt de *formation* (chez les minéraux), tantôt de *croissance* (chez les végétaux) ou de *sensibilité* ou de *création artificielle* — et qui tout compte fait représente une seule et unique force organique, plus ce principe se répartit en un grand nombre d'instruments et en ramifications diverses, plus il forme en chacun de ceux-ci un monde à part, — et plus l'instinct s'efface tandis que se dessine un usage indépendant et original des sens et des membres : ainsi chez l'homme. » Pour finir, notre écrivain en vient à ce qui différencie essentiellement la nature humaine. « *Seul* l'homme possède en propre une façon de se déplacer dans une situation verticale ; c'est là le système organique qui lui est réservé en vue de la destination de son espèce, c'est aussi son caractère distinctif ».

La station verticale fut assignée à l'homme non point en fonction de son accession future à la raison, afin qu'il fît un usage rationnel de ses membres ; c'est au contraire du fait de sa station verticale qu'il reçut la raison en partage ; ce fut la conséquence naturelle de cette disposition même, disposition nécessaire rien que pour qu'il pût se déplacer debout sur ses jambes.

« Arrêtons pendant un instant nos regards sur ce chef-d'œuvre sacré, sur ce bienfait auquel notre espèce doit son caractère humain ; regardons avec reconnaissance, avec admiration, en constatant les débuts d'une organisation nouvelle de forces qui se fait par la station verticale de l'homme : c'est par elle seulement que l'homme s'éleva à la dignité d'homme ».

Au quatrième livre, l'auteur développe encore ce point. « Que manque-t-il à la créature ressemblant le plus à l'homme, au singe, pour s'élever à ce rang humain ?

Grâce à quoi l'homme s'éleva-t-il à ce rang ? C'est grâce à la conformation de sa tête *en vue de la position debout*, grâce à son organisation interne et externe en vue de l'équilibre dans un plan vertical. Le singe possède toutes les parties du cerveau que l'on trouve chez l'homme ; mais en fonction de la forme de son crâne, il les possède rejetées vers l'arrière ; il en est ainsi parce que sa tête a été façonnée sous un autre angle et qu'il n'était pas constitué en vue de la station droite. Du coup toutes les forces organiques modifièrent leur action ». « Élève tes regards au ciel, ô homme, et goûte un frisson d'allégresse en constatant cet avantage incommensurable que le Créateur de toutes choses a rattaché à un principe aussi simple : le fait que tu te tiens droit sur tes pieds. Du moment où l'on domine le sol et ses herbes, la prédominance ne revient plus à l'odorat, mais à la vue. Grâce à cette station verticale, l'homme devint une créature apte à créer : il reçut des mains libres et créatrices. Et seule la station debout permet l'apparition du véritable langage humain. Autant du point de vue théorique que pratique, la Raison n'est rien qu'une acquisition : celle de certaines proportions et d'une orientation appliquées aux idées et aux forces, à quoi l'homme a été formé en fonction de son organisation et de son mode de vie ». Voici maintenant la liberté : « L'homme est le premier être de la création qui ait conquis sa liberté : il se tient debout ». La pudeur : « Elle devait rapidement se développer du fait de la station droite. » Sa nature n'est soumise à l'autorité d'aucune variété spéciale : «Comment cela s'explique-t-il ? Du fait qu'il se tient debout, par rien d'autre que cela... Il est fait pour jouir des vertus morales humaines : son humeur pacifique, l'amour sexuel, la sympathie, l'amour maternel, représentent un des degrés parmi les valeurs humaines qu'il doit à sa station verticale ; la règle de la justice et de la vérité se fonde sur la station verticale caractéristique de l'homme ; celle-ci justifie encore son sens des bienséances ; la Religion est la valeur humaine suprême. L'animal, sur ses quatre pattes, a des sensations confuses ; mais Dieu a élevé l'homme, de façon que, à son insu même, il cherche à pénétrer le problème des causes, et pour qu'il te découvre, ô sublime plan d'ensemble qui préside à toutes choses. A son tour la Religion entraîne l'Espérance et la Foi en l'Éternité ». C'est de cette dernière que nous entretient le livre cinq : « A partir du minéral en passant par les cristaux, de là aux métaux, puis ensuite au monde végétal, passant par l'animal pour aboutir à l'homme, nous vîmes s'élever la force organisatrice ; et en même temps les facultés et les instincts de la créature se diversifièrent tous ; finalement sous la forme humaine, autant que celle-ci pouvait réaliser la synthèse, tous vinrent converger... »

« Au long de cette file d'êtres, nous avons remarqué une analogie des formes principales qui s'approchaient toujours davantage de la forme humaine ; de même nous avons vu s'approcher de l'échelon humain les forces et les instincts. En chaque créature, en fonction des fins que la nature se proposait de lui faire réaliser, nous avons vu se déterminer sa longévité. Plus une créature est organisée, plus sa structure est une synthèse des échelons inférieurs. L'homme est un compendium de l'univers : le calcaire, la terre, les sels, les acides, l'huile et l'eau, les forces végétatives, excitatives, sensitives se trouvent unis en lui sous une forme organique. Cette constatation nous induit à postuler aussi un *règne invisible des forces* qui entretiennent entre elles une série de relations et de transitions tout à fait identique à celle que nous percevons dans le règne visible de la création ; même constatation en ce qui concerne une lignée ascendante de forces invisibles. Voilà *toute* l'explication de

l'immortalité de l'âme, et non seulement de cette immortalité, mais encore de la perpétuation de toutes les forces
vivantes et agissantes au sein de la Création universelle.
Une force ne peut disparaître, quand bien même son instrument serait désorganisé. Ce que le Générateur de
toute Vie a appelé à la vie, vit ; ce qui agit, manifeste
son action dans l'Éternel Dessein et pour l'éternité... »
Ces principes ne sont pas dissociés les uns des autres
« parce qu'il ne sied pas de le faire ici ». Toutefois
dans la matière nous découvrons de si nombreuses forces à l'allure spirituelle, qu'un contraste et une contradiction absolus entre ces deux essences, l'esprit et la matière, pour sûr très différents, apparaissent sinon contradictoires en soi, du moins totalement improbables.
« Nul regard n'a jamais aperçu des germes préformés.
Si l'on parle d'épigénèse, c'est une locution incorrecte,
qui reviendrait à dire que les membres nous poussent du
dehors. Il s'agit de genèse (genesis), de l'effet produit
par des forces internes, dont la nature tenait une grande
masse disponible, qui s'agglomèrent, et au sein de laquelle elles devaient donner des manifestations visibles.
Ce n'est pas notre âme rationnelle qui forma notre corps,
mais le doigt de Dieu, force organique ».

Voici ce qu'on trouve maintenant : « 1. Une force et
un organe entretiennent certes des rapports étroits mais
ce n'est pas une seule et même chose ; 2. Chaque force
agit en harmonie avec l'organe correspondant, car elle
s'est bornée à façonner celui-ci et à se l'assimiler à seule
fin de manifester son essence ; 3. Si l'enveloppe disparaît, la force subsiste, celle-là même qui existait préalablement (bien qu'à un état inférieur et pareillement organique, mais antérieurement pourtant à cette enveloppe). » Ceci dit, l'auteur s'adresse aux matérialistes :
« Admettez donc que notre âme ne faisait primitivement
qu'une seule et même chose avec toutes les forces ma-

térielles, excitatives, motrices, vitales, et qu'à un échelon supérieur seulement sous une forme organique plus complexe et plus subtile elle prend un rôle actif ; vit-on jamais sombrer dans le néant une force motrice ou excitative, et est-ce que ces forces inférieures ne font qu'un avec les organes correspondants ? » L'étroite conjonction dont ils font preuve témoigne qu'il ne peut s'agir là que d'évolution progressive : « On peut considérer l'espèce humaine comme le point de convergence des forces organiques inférieures, qui devaient se développer pour la formation de l'humanité. »

La preuve que l'organisation humaine prend naissance dans un monde de forces spirituelles est apportée de la façon suivante : « 1. La pensée est d'une autre nature que ce qu'apportent les sens ; tout ce que nous apprenons sur ses origines conduit à croire qu'elle est l'effet d'une essence organique sans doute, mais agissant pourtant en pleine indépendance et selon les lois de relations spirituelles. 2. De même que le corps profite en s'alimentant, de même l'esprit se développe par les idées ; de fait nous remarquons chez ce dernier l'application exacte des lois d'assimilation, de croissance et de production. En un mot, il se forme en nous un être humain interne d'appartenance spirituelle, qui a sa nature propre et qui n'utilise le corps que comme instrument. La conscience claire, cette grande supériorité de l'âme humaine, n'a pris forme chez cette dernière que par un processus spirituel et par le moyen de l'humanité, etc. ; l'âme en tout premier lieu a été produite à partir de forces spirituelles s'ajoutant lentement les unes aux autres... Notre humanité n'est qu'un exercice préalable, le bouton d'où sortira plus tard une fleur. Pas à pas la nature rejette la gangue, et commence à dresser l'édifice du spirituel en l'affinant sans cesse ; aussi pouvons-nous espérer que sous ses doigts artistes notre bouton d'humanité s'épanouira dans cette existence sous sa forme humaine, authentique, vraie, divine ».

Voici la phrase qui sert de conclusion : « L'état actuel de l'homme est vraisemblablement le moyen terme entre deux mondes... Dans la mesure où l'homme ferme la série des formes organiques terrestres dont il est le membre suprême et dernier, il ouvre en même temps la série d'un type supérieur de créatures dont il est le membre inférieur ; par suite, il est vraisemblablement l'anneau intermédiare entre deux systèmes de Création qui viennent se rejoindre. D'un seul coup il nous ouvre deux mondes : ce qui fait la dualité apparente de son essence... La vie est une bataille ; la fleur de l'humanité pure et immortelle est une couronne chèrement conquise. Nos frères à l'échelon supérieur nous aiment par suite certainement davantage que nous ne les cherchons et pouvons les aimer, car ils voient notre état avec plus de clarté... et pour nous éduquer ils nous traitent peut-être en participants de leur félicité... On ne se représente pas bien que l'état à venir doive être aussi incommunicable à l'état présent que voudrait bien le croire l'animal qui est dans l'homme ; ainsi sans initiation venue d'en haut, le langage et les débuts de la science paraissent inexplicables... En des temps plus reculés aussi, les plus grands effets sur la terre se sont produits en des circonstances inexplicables ; des maladies même y ont contribué, lorsque l'organe était devenu inutilisable pour le cycle ordinaire de la vie terrestre ; en sorte qu'il semble naturel que la force interne en perpétuel mouvement reçoive des impressions dont une organisation intacte n'était pas capable. Pourtant l'homme ne doit pas se contempler dans son état à venir, mais il a le devoir d'y croire de toute sa foi ». (Mais comment, du moment où il croit qu'il lui est loisible de se contempler, comment empêcher qu'il tente de temps à autre d'utiliser ce pou-

voir ?) « Du moins il est certain qu'en chacune de ces
formes réside un infini ; même les forces du cosmos semblent cachées dans l'âme, et elle n'a besoin que d'une forme organique ou d'une succession de formes organiques
pour pouvoir faire passer celles-ci dans le domaine de l'acte
et de l'exercice... Ainsi donc : de même que la fleur se
dressait, et droite sur sa tige achevait le règne de la Création Souterraine encore inanimée, ainsi l'homme à son
tour se dresse droit, dominant tous ceux qui se traînent
sur la terre (les animaux). Le regard altier, les mains
levées, il se tient là, dans l'attitude d'un fils au foyer
qui attendrait l'appel de son père ».

L'idée et le dessein final de cette première partie (portion d'un ouvrage qui, selon toute apparence, comprend-
dra de nombreux volumes), s'expriment dans ce qui va
suivre. Il s'agit — en écartant toute enquête métaphysique — de prouver la nature spirituelle de l'âme humaine,
sa persistance, ses progrès dans la perfection, en se fondant sur l'analogie avec les formes naturelles concrètes
prises par la matière, surtout en ce qui concerne leur
structure organique. A cet effet, on admet des forces
spirituelles, la matière ne fournissant que les matériaux
nécessaires à celles-ci, un certain domaine invisible de la
création renfermant la force dispensatrice de vie qui organise toute chose et de telle façon que l'homme soit le
schéma de la perfection atteinte par ce système organique : toutes les créatures terrestres depuis la plus inférieure d'entre elles s'en approchent ; puis, finalement,
sans autre concours que celui de ce système organique
parvenu à son achèvement et dont la condition essentielle est la station droite de l'animal, l'homme est
apparu.

Le trépas de l'homme ne pourra en aucune façon
mettre un terme à cette marche en avant, à cette montée
des formes organiques qui avait déjà été soulignée tout

au long par la considération de toutes sortes de créatures ; mais cette mort permet bien plutôt d'escompter que
la nature franchira une nouvelle étape pour poursuivre
des opérations d'une complexité plus délicate encore, au
sortir desquelles elle s'orientera et s'élèvera à des degrés
supérieurs d'existence, et ainsi de suite à l'infini. En tant
que critique nous devons avouer que nous ne suivons
pas bien cette démonstration à partir de l'analogie tirée
de la nature, même si nous voulions admettre cette hiérarchie continuelle des créatures ainsi que la règle qui y
préside, celle de l'ascension progressive vers l'échelon
humain. Car il s'agit là *d'êtres différents* qui se situent
aux multiples échelons de systèmes organiques sans cesse plus parfaits. Une telle analogie permettrait seulement
de conclure que quelque part ailleurs, par exemple sur
une autre planète, il pourrait y avoir des créatures qui
occuperaient le degré de vie organique immédiatement
supérieur à l'homme, mais non pas que c'est le même
individu qui y parvient. La métamorphose des mites ou
chenilles en insectes ailés caractérise un dispositif tout
à fait original et différent du procédé ordinaire auquel
recourt la nature ; et pourtant, même ici, la palingénèse
fait suite non à la mort, mais à l'état de chrysalide. Au
contraire, ce qu'il faudrait prouver, c'est que la nature
est susceptible d'élever les animaux, même après leur in-
humation ou leur incinération et en partant de leurs cendres, à un système organique spécifiquement plus évolué : ceci permettrait par analogie d'inférer la même
conclusion au sujet de l'homme, une fois réduit à l'état
de cendres.

Par suite l'ascension par degrés du même homme à
un système organique plus évolué qu'il atteindrait au
cours d'une autre vie, et la hiérarchie concevable entre
des espèces et des individus tout à fait différents appartenant à un règne naturel, n'offrent pas la moindre res-

semblance. Dans ce dernier cas, qu'est-ce que la nature offre à nos regards ? Rien d'autre que le spectacle d'individus abandonnés à une destruction complète, tandis que l'espèce est maintenue. Dans le cas précédent, on exige de savoir si l'individu de type humain survivra aussi à sa destruction terrestre : conclusion à laquelle il se peut qu'on aboutisse pour des motifs moraux — ou si l'on veut métaphysiques — mais jamais à partir d'une quelconque analogie tirée de la génération visible. En ce qui concerne maintenant ce règne invisible de forces actives et autonomes, on ne voit pas bien pourquoi l'auteur, ayant pensé qu'il pouvait à partir des modes de génération organique conclure à l'existence de ce règne, n'a pas préféré en faire découler immédiatement le principe pensant chez l'homme, en tant que nature spirituelle, sans faire surgir ce principe du chaos par le moyen de l'organisation des êtres. A moins qu'il ne considère ces forces spirituelles comme quelque chose d'absolument étranger à l'âme humaine : il ferait alors de cette dernière non une substance particulière, mais seulement l'effet d'une nature universelle invisible agissant sur la matière et l'animant. C'est là une opinion à laquelle, en toute équité, nous ne pouvons nous ranger sans réserves. Mais, en premier lieu, que penser de cette hypothèse de forces invisibles agissant sur l'organisation ; que penser par suite de ce dessein qui vise à expliquer ce qu'on ne comprend pas par ce qu'on comprend moins encore ? Quant au premier point, du moins pouvons-nous connaître les lois par expérience, bien qu'évidemment les causes de ces lois nous échappent ; mais pour le second toute expérience même nous est enlevée : que peut alors invoquer ici le philosophe pour justifier ces allégations, sinon le désespoir seul où il se trouve de trouver l'éclaircissement en l'une quelconque des connaissances naturelles, et la nécessité qui s'impose à lui, de le rechercher dans le champ fertile de la poésie ? Mais cela encore c'est toujours de la métaphysique, voire de la métaphysique très dogmatique, malgré tous les efforts que notre auteur fait pour s'en défendre, parce que c'est la mode !

Toutefois, en ce qui concerne la hiérarchie des systèmes organiques, il ne faut pas trop lui en vouloir, si elle n'a pu satisfaire son dessein qui dépassait de beaucoup le monde d'ici-bas : car l'usage qu'on en fait dans le domaine des règnes naturels ici-bas, sur terre, ne mène pour ainsi dire à rien. La petitesse des différences constatées, si l'on confronte entre elles les espèces *du point de vue de leur analogie,* apparaît, du fait d'une aussi grande multiplicité, comme une conséquence nécessaire de cette multiplicité même. Seule *une parenté* entre elles : une espèce étant soit issue d'une autre et toutes d'une espèce originale unique, soit encore d'un sein maternel unique qui les aurait enfantées — nous entraînerait à des *Idées :* mais celles-ci sont si extraordinaires que la raison recule avec effroi devant elles ; et imputer pareilles d'entre elles à notre auteur serait déloyal. Quant à la contribution qu'il apporte à l'anatomie comparée au travers des espèces animales en descendant jusqu'à la plante, c'est aux personnes qui s'intéressent à la description de la nature de juger dans quelle mesure l'indication fournie par lui en vue de nouvelles observations est susceptible d'être utilisée et si elle présente au juste quelque fondement. Mais la conception d'une unité de la force organique, considérée comme créatrice de formes par elle-même du point de vue de la multiplicité de toutes les créatures organiques, et qui, ensuite, après la différenciation de ces organes, se met à agir par leur moyen de façon diverse pour produire toute la différence entre la multiplicité de leurs espèces et de leurs genres, est une idée totalement étrangère au domaine de la théorie naturelle d'observation : elle est uniquement du ressort de la philosophie spéculative où, par ailleurs, si elle recevait droit d'accès, elle causerait de grands ravages parmi les notions communément admises. Mais vouloir déterminer quelle contexture de la tête, du point de vue extérieur quant à sa forme, et du point de vue intérieur quant au cerveau, est en liaison nécessaire avec l'aptitude à la démarche en station verticale ; et qui plus est encore, déterminer comment une organisation orientée uniquement vers cette fin contient le fondement de l'aptitude rationnelle, à laquelle de ce fait l'animal participe, cette ambition dépasse manifestement toute raison humaine, que cette dernière suive à tâtons le fil conducteur de la physiologie ou qu'elle prenne son essor sur les brisées de la métaphysique.

Il ne faudrait pourtant pas qu'un tel relevé ôte tout mérite à cet ouvrage si riche de pensée. Il s'y trouve quelque chose d'excellent (sans même faire mention de tant de réflexions exprimées avec autant de grâce qu'elles témoignent d'une pensée noble et sincère) : c'est le courage avec lequel son auteur a su vaincre les scrupules propres à son état et qui si souvent étriquent toute philosophie, en ce qui touche les simples tentatives de la raison cherchant à connaître pour elle-même ses limites. En ceci nous lui souhaitons beaucoup de continuateurs. En outre, la mystérieuse obscurité dans laquelle la nature elle-même a enveloppé la formation des systèmes organiques et la classification de ses créatures, porte une part de responsabilité pour ce qui est de l'obscurité et de l'incertitude inhérentes à cette première partie d'une histoire philosophique de l'humanité, conçue avec l'intention de renouer si possible les extrémités opposées de celles-ci : son point de départ et le point où, s'élevant au-dessus de l'histoire terrestre, elle se perd dans l'infini.

Tentative hardie en vérité, mais naturelle pourtant à

l'instinct de recherche de notre raison ; tentative qui ne
va pas sans gloire, même si la mise à exécution ne réussit pas pleinement. Raison supplémentaire pour souhaiter que notre ingénieux auteur dans la suite de son œuvre, lorsqu'il rencontrera devant lui un terrain solide,
impose une contrainte à la vivacité de son génie ; pour
souhaiter aussi que la philosophie dont le souci est
davantage d'émonder que de faire proliférer les tiges
exubérantes, le guide non par de vagues aperçus mais
par des concepts précis ; non par la supputation, mais
par l'observation des lois ; non par l'entremise d'une
imagination emportée sur les ailes de la métaphysique
ou des sentiments, mais par une raison hardie dans le
dessein, mais prudente dans l'exécution, afin qu'il mène
à bien son entreprise.

### Réponse à une critique du compte
### rendu précedent

Dans le N⁰ de Février 1785 du *Mercure Allemand* un
défenseur de livre de M. Herder intervient, sous la
signature d'un pasteur, contre la soi-disant attaque publiée dans notre *Gazette Générale de la Littérature*. Il ne
serait pas correct de mêler le nom d'un auteur réputé
au conflit qui s'élève entre deux critiques opposés. Aussi
voulons-nous ici nous borner à justifier notre manière
d'agir à propos du compte rendu et de l'appréciation
portée sur cet ouvrage conformément aux maximes d'é-
tude minutieuse, d'impartialité et de modération, adop-
tées par notre journal comme ligne de conduite. Notre
pasteur dans son écrit s'en prend fort à un certain métaphysicien, qu'il vise en pensée, et qui, selon la représentation qu'il s'en fait, est hostile de façon irréductible
à tout enseignement tiré des voies empiriques, ou, quand

celles-ci sont insuffisantes, aux conclusions tirées par
l'analogie naturelle ; ce métaphysicien voudrait tout con-
former à son critère d'abstractions scolastiques stériles.
L'auteur du compte rendu s'accommode fort bien de cet
emportement : car sur ce point il partage totalement
l'opinion de notre pasteur et son compte rendu en fournit
la meilleure preuve. Toutefois, comme il croit connaître
assez bien quels matériaux sont requis pour faire une
anthropologie, comme il a aussi quelque notion de la méthode à suivre pour en faire usage lorsqu'on cherche à
dresser une histoire de l'humanité dans le tout de sa destination, il reste convaincu que ces matériaux ne doivent
être recherchés ni dans la métaphysique ni dans le cabi-
net d'histoire naturelle par comparaison entre le squelette humain et celui d'autres espèces animales.

Moins que toute autre, cette comparaison ne nous
renseigne pas sur la destination de l'homme pour un autre monde. Tout au contraire, c'est dans les actions humaines qu'on peut la trouver, au travers desquelles il
manifeste son caractère. Il est également persuadé que
M. Herder n'avait même pas l'intention dans la première partie de son ouvrage (simple présentation de
l'homme en tant qu'animal dans le système universel de
la nature, et introduction à l'exposé de ses idées futures)
de fournir les matériaux véritables destinés à l'histoire de
l'humanité : il voulait seulement développer des pensées
susceptibles de retenir l'attention du physiologue, d'é-
tendre ses recherches, qu'il oriente d'ordinaire uniquement vers une interprétation mécanique de la structure
animale, plus loin si possible, jusqu'à l'organisation appropriée à l'usage de la raison par cette créature ; peut-
être dans ce domaine a-t-il accordé à ses recherches plus
d'importance que jamais auparavant on ne leur a donné.
Il n'est pas non plus indispensable à quelqu'un qui partage cette dernière façon de voir (ainsi que le réclame le

pasteur en question) de chercher à démontrer la simple possibilité d'existence de la raison humaine *sous une autre forme* de système organique. Car ceci est tout aussi peu intelligible que d'en admettre la possibilité *uniquement* sous la forme actuelle : l'usage rationnel de l'expérience connaît aussi des limites. Celle-ci peut certes nous enseigner qu'une chose a telle ou telle constitution, mais jamais *qu'il lui était impossible d'en avoir une autre*. Nulle analogie non plus ne peut combler ce gouffre insondable entre l'accidentel et le nécessaire. Dans le compte rendu on trouvait ce qui suit : « La petitesse des différences constatées, si l'on confronte entre elles les espèces *du point de vue de leur ressemblance,* apparaît du fait d'une aussi grande multiplicité comme une conséquence nécessaire de cette multiplicité même. Seule une *parenté* entre elles : telle qu'une espèce puisse être considérée comme issue d'une autre et toutes d'une espèce originale unique, ou d'un sein maternel unique qui les a enfantées, nous entraînerait à des *Idées :* mais celles-ci sont si étranges que la raison recule avec effroi devant elles : imputer de pareilles idées à notre auteur serait déloyal. »

Ces lignes ont induit à tort notre pasteur à croire que le compte rendu de l'ouvrage faisait preuve d'*orthodoxie métaphysique,* par suite d'intolérance. Et il poursuit en ces termes : « *La saine raison agissant en pleine liberté ne recule non plus devant aucune idée* ». Rien de ce qu'il s'imagine n'est à redouter. Il s'agit uniquement de l'*horreur du vide* (horror vacui) éprouvée par la raison humaine, qui la fait *reculer d'effroi* là où on bute sur une idée *où il ne se trouve rien d'intelligible*. Et de ce point de vue, le codex ontologique servirait avec profit de canon au codex théologique, précisément pour l'intérêt de la tolérance. Le pasteur estime en outre que le mérite que nous avons reconnu au livre, celui de la *li-*

*berté de la pensée,* est beaucoup trop vulgaire quand il s'agit d'un auteur aussi célèbre. Sans aucun doute il entend par là la liberté *externe* qui, étant fonction du lieu et du temps, n'a rien de méritoire. Mais le compte rendu envisageait la liberté *interne,* celle qui se débarrasse des entraves imposées par les concepts accoutumés et les façons de penser courantes renforcées encore par l'opinion publique ; une liberté donc, *à ce point si peu vulgaire,* que même les gens qui se disent philosophes ont su bien rarement s'élever jusqu'à elle. Le reproche qu'il adresse au compte rendu « *de mettre en vedette les passages où sont exprimés des résultats, sans retenir en même temps ceux qui les préparent* » semble bien être un mal inévitable où tombent tous ceux qui pratiquent ce genre littéraire : et tout compte fait, il est moins grave que de dresser un éloge ou porter une condamnation à la lumière seulement de tel ou tel passage. Nous maintenons donc, tout en rendant un hommage mérité et même en joignant notre suffrage à la gloire actuelle et plus encore à la gloire future de son auteur, notre jugement sur l'ouvrage en question. Or ce jugement diffère totalement de ce que notre pasteur insinue (ce qui manque un peu de loyauté) à son sujet : « le livre n'aurait pas tenu les promesses du titre. » Le titre en effet ne promettait nullement dès le premier volume, qui ne renferme que des études préparatoires d'ordre général ayant trait à la physiologie, de nous fournir ce que nous attendons dans les suivants (qui, autant qu'on puisse en juger, traiteront d'anthropologie proprement dite). Il n'était pas superflu de le rappeler : pour assigner à celle-ci des limites quant à une liberté qui, dans les autres recherches, pouvait bénéficier d'une certaine indulgence. D'ailleurs il ne dépend désormais plus que de l'auteur lui-même, de tenir les promesses de son titre. Il y a tout lieu d'espérer de ses dons et de sa science qu'il y réussira.

*Compte rendu de la 2e partie des « Idées »*

La seconde partie qui avance jusqu'au dixième livre, décrit d'abord en 6 sections du livre 6 l'organisation des peuples à proximité du Pôle Nord ainsi qu'autour de l'arête asiatique terrestre, la zone des peuples civilisés, les nations africaines, les populations des îles en zone tropicale, les Américains. L'auteur termine sa description en formulant le vœu de voir mener à bien une collection où seraient étudiées d'autres nations, sur le modèle de ce qu'ont déjà entrepris Niebuhr, Parkisson, Cook, Höst, Gforgi, et d'autres encore. « Quel beau présent, si quelqu'un en mesure de le faire, rassemblait les fidèles peintures dispersées çà et là qui nous montrent la variété de notre espèce, et jetait ainsi les fondements d'une Science de la Nature s'exprimant par des paroles, et d'une Physiognomonique de l'humanité. L'art saurait difficilement trouver utilisation plus philosophique ; et une carte anthropologique, conçue comme la carte zoologique qu'a entrepris de dresser Zimmermann, sur laquelle ne devrait rien figurer en dehors de ce qui fait la diversité humaine, mais considérée sous toutes ses manifestations et sous tous ses aspects, une telle carte apporterait son couronnement à l'œuvre philanthropique ».

Le septième livre s'attache avant tout aux principes suivants : en dépit de formes si diverses, le genre humain ne constitue en tous lieux qu'une espèce, et ce genre s'est acclimaté en tous lieux sur le globe. Tout aussitôt les effets du climat sur la formation de l'homme tant pour l'âme que pour le corps sont mis en lumière. L'auteur fait avec finesse la remarque que beaucoup de travaux préparatoires manquent encore, avant que nous puissions aboutir à une physiologie, à une pathologie, à plus forte raison donc à une climatologie de toutes les forces intellectuelles et sensitives chez l'homme. Il y a un chaos de causes et d'effets déterminant le relief d'une zone terrestre, sa contexture et celle de ses produits, de ses mets et de ses boissons, le mode de vie, les travaux et les vêtements, même les emplacements habités, les plaisirs et les arts ; il est impossible d'ordonner ces causes et d'autres circonstances en un monde dans lequel chaque objet, chaque contrée prise en elle-même recevrait la part qui lui revient, ni trop, ni trop peu. Avec une modestie qu'on ne saurait trop louer, il se contente d'exposer comme problèmes, les remarques générales qui font suite. Ces problèmes se présentent sous les rubriques suivantes :

1. Par le jeu d'une foule de causes, une communauté climatique se trouve réalisée sur une terre propice à la vie des êtres vivants.

2. Les territoires habitables de notre globe sont concentrés en des régions, où la plupart des êtres vivants manifestent leur activité sous une forme suffisante pour eux ; cette disposition des parties du monde exerce une influence sur celle de tous les climats.

3. Par suite de la structure terrestre et de la présence des montagnes, le climat s'est trouvé infiniment modifié, non seulement pour la grosse majorité des vivants, mais l'extension du genre humain fut entravée, dans la mesure où elle peut l'être. Dans la quatrième section de ce livre, l'auteur prétend que la force génétique a donné naissance à tout ce qui prit forme sur terre, le climat se bornant à donner des marques d'amitié ou d'hostilité à ces entreprises, et il conclut par quelques remarques à propos du conflit entre la *Genèse* et le *Climat*. Ici notamment il souhaite voir s'élaborer une histoire sur un plan physico-géographique, traitant des origines et des transformations de notre espèce humaine en fonction des climats et des époques.

Au livre 8, M. Herder s'attaque à l'usage chez l'homme des sens, de l'imagination, de son entendement pratique, de ses instincts, de sa conception du bonheur, et, par des exemples empruntés à diverses nations, il explique l'influence de la tradition, des opinions, des pratiques et des coutumes.

Le livre 9 traite de la dépendance de l'homme vis-à-vis d'autrui pour ce qui est du développement de ses facultés : en fonction du langage conçu comme instrument de la culture humaine ; en fonction de la découverte des arts et des sciences par l'imitation, la raison et le langage ; en fonction des formes de Gouvernement en tant qu'ordres établis parmi les humains la plupart du temps sous l'héritage des traditions. Il termine par des remarques concernant la religion et la tradition la plus reculée.

Le livre 10 contient en majeure partie le résultat de pensées que l'auteur a déjà exposées ailleurs. Il y reprend, outre les considérations sur le premier habitat humain et sur les traditions asiatiques relatives à la création de la Terre et du genre humain, l'essentiel de son hypothèse sur l'histoire mosaïque de la Création, développée dans son ouvrage : *Le document le plus ancien concernant le genre humain.*

Le bref résumé que nous en donnons ne vise pour cette partie encore qu'à donner des indications sur le contenu, et non à présenter l'esprit de l'ouvrage : il entend inviter à le lire, il n'entend pas se substituer à cette lecture ou la rendre inutile.

Les livres 6 et 7 ne contiennent en majeure partie que des extraits empruntés à des descriptions de peuples, choisis certes avec habilité, disposés de main de maître, et partout accompagnés de jugements personnels et pénétrants ; il n'en est que plus difficile d'en faire un résumé détaillé. Il ne rentre nullement non plus dans nos intentions de rappeler ici ou d'extraire des fragments parmi tant de belles pages riches d'éloquence poétique : les lecteurs sensibles sauront les goûter pour elles-mêmes. Mais il rentre tout aussi peu dans nos intentions de rechercher ici, si le souffle poétique qu'anime l'expression ne s'est pas parfois glissé dans la philosophie de l'auteur, si de place en place des synonymes ne se donnent pas pour des explications, et des allégories pour des vérités ; si des incursions, par fait de voisinage du domaine philosophique dans le champ du langage poétique, n'ont pas parfois totalement déplacé leurs frontières mutuelles et donné lieu à des empiètements ; et si, fréquemment, la trame de métaphores hardies, d'images poétiques, d'allusions mythologiques ne sert pas à recouvrir le corps des pensées comme d'un vertugadin plutôt qu'à le mettre en valeur pour l'agrément des yeux sous des voiles transparents. Laissons aux critiques du beau style philosophique ou aux retouches de l'auteur lui-même le soin de juger s'il ne vaudrait pas mieux dire : *non seulement le jour et la nuit, ainsi que le cours des saisons modifient le climat,* plutôt que : « non seulement le jour et la nuit, la ronde des saisons aux figures changeantes modifient le climat ». Laissons-leur le soin de voir si, après une description de ces modifications écrite dans le ton d'une histoire naturelle, les lignes suivantes qui fourniraient une belle image, à coup sûr, dans un dithyrambe, s'enchaînent convenablement : « Autour du Trône de Jupiter, les Heures (celles de la Terre) dansent une ronde, et tout ce qui reçoit forme sous leurs pas ne représente certes qu'une imparfaite perfection parce que tout y est fondé sur l'assemblage d'éléments hétérogènes ; mais le lien interne de l'amour et la communion de tous fait naître de toutes parts l'enfant de la nature, l'ordonnance harmonieuse des choses sensibles et la beauté ». Il faudrait voir encore si, au moment où l'auteur passe des remarques empruntées aux descriptions de voyage relatives à l'organisation de différents peuples et au climat, et pour faire transition avec un recueil de propositions générales qu'il en déduit, la tournure suivante par laquelle s'ouvre le huitième livre, n'a pas un ton trop épique : « Tel celui qui, au sortir des vagues de la mer, va entreprendre une traversée dans les airs, je me sens ému au moment où quittant les aspects et les forces naturelles de l'humanité je considère son esprit et où je me risque à étudier les qualités changeantes de celui-ci sur notre vaste globe en me fondant sur des renseignements étrangers, insuffisants et en partie incertains ». Ne recherchons pas non plus, si de-ci, de-là, le flot de son éloquence ne le fait pas sombrer dans des contradictions : par exemple, les inventeurs, nous est-il dit, durent souvent laisser le bénéfice de leur découverte à la postérité, beaucoup plus qu'ils ne profitèrent eux-mêmes de leur découverte. N'est-ce pas là un nouvel exemple à l'appui d'un principe : le principe, qui à propos des dispositions naturelles chez l'homme en rapport avec l'usage de sa raison, prétend que celles-ci n'atteignent leur complet développement que dans l'espèce et non dans l'individu ? Or, l'auteur est enclin à traiter ce même principe et quelques autres qui en découlent, sans les concevoir toutefois avec exatitude, comme une offense à la majesté naturelle (d'autres diraient en prose : un sacrilège). Mais tous ces détails, par souci des limites qui nous sont imposées, nous devons les laisser présentement de côté.

Il y a un souhait que l'auteur du compte rendu aurait voulu formuler en faveur aussi bien de notre auteur que de tout esprit philosophique en train d'entreprendre une histoire universelle générale de l'humanité. Tel est son vœu : qu'un cerveau doué de sens historique et critique les ait précédés de ses travaux ; quelqu'un qui, parmi la masse énorme des descriptions de peuples ou récits de voyage et de tous les renseignements qu'ils nous apportent, à ce qu'on pense, pour définir la nature humaine, aurait relevé de préférence les données contradictoires (en y joignant toutefois les réserves d'usage quant à la créance à accorder à chaque narrateur) et qui les aurait dressées en regard les unes des autres. Alors personne n'aurait la témérité de s'appuyer sur des témoignages partiaux, avant d'avoir pesé scrupuleusement au préalable les documents apportés par d'autres. Dans l'état actuel, à partir de la masse des descriptions de pays, on peut à son gré prouver : que les Américains, les Thibétains et autres peuplades de caractère mongol authentique n'ont pas de barbe, et pourtant aussi, si on le préfère, que tous sont barbus naturellement, mais s'épilent ensuite, ou encore que les Américains et les Nègres sont une espèce humaine inférieure parmi les autres rameaux quant aux dispositions intellectuelles, mais par ailleurs en se fondant sur des renseignements tout aussi vraisemblables, que, en ce qui touche ces mêmes dispositions naturelles, ils sont au niveau de n'importe quels autres habitants de la planète. Et par suite, le philosophe a le choix : soit d'admettre des différences naturelles, ou de juger tout en fonction du principe « tout comme chez nous » : tous les systèmes donc qu'il échafaude sur des bases aussi chancelantes prennent nécessairement l'aspect d'hypothèses fragiles. Notre auteur est hostile à la distinction de l'espèce humaine en races : hostile surtout à celle qui s'étaie sur des colorations héréditaires ; probablement parce qu'il n'a pas une conception encore bien nette du terme « race ».

Au septième livre il appelle force *génétique* ce qui produit les variétés climatiques entre les humains. Présentons donc la conception que notre collaborateur se fait de cette expression, au sens où l'emploie l'auteur. Il

entend rejeter d'une part le système évolutionniste, mais
d'autre part également l'influence purement mécanique
exercée par des causes extérieures, les considérant comme des explications irrecevables. Il admet, lui, un principe vital susceptible de se modifier lui-même de l'intérieur et en s'adaptant à elles : telle serait la cause de
ces variétés climatiques. Notre collaborateur se range totalement à cette façon de voir, avec une seule réserve
toutefois : si la cause qui organise de l'intérieur était limitée par la nature à un certain nombre et degré de variétés dans la conformation de sa créature (une fois celles-ci établies, elle perdrait toute liberté dans des circonstances nouvelles de fabriquer sur un autre type),
on pourrait appeler cette fonction naturelle de la nature
plastique aussi bien germes ou dispositions originelles,
sans pour cela considérer les précédentes variations
comme des mécaniques et des bourgeons insérés en
puissance aux toutes premières origines du monde et qui
se seraient seulement déployés au hasard des occasions
(hypothèse du système évolutionniste) ; mais on pourrait y voir les simples limitations, inexplicables par ailleurs, d'une faculté plastique agissant sur elle-même ; limitations que pour notre part nous ne pouvons pas davantage expliquer ou rendre intelligibles.

Au huitième livre débute un nouveau processus de
pensée qui dure jusqu'à la fin de cette partie et développe
les origines de la formation de l'homme conçu comme
créature raisonnable et morale, qui donc traite des débuts
de toute culture. Ceux-ci, dans l'esprit de notre auteur,
ne proviendraient pas d'un pouvoir propre à l'espèce
humaine, mais il faudrait les chercher dans une instruc-
tion et un enseignement qu'il tire d'autres natures. Partant de cette constatation, tout progrès dans la culture ne
serait que communication ultérieure et prolifération
fortuite d'une tradition originelle. C'est à celle-ci et non

à lui-même que l'homme devrait rapporter son accession progressive à la sagesse. Or notre critique, dès qu'il pose le pied hors de la nature et des voies que la raison offre à la connaissance, se sent totalement désemparé ; il n'est pas qualifié non plus dans les recherches savantes de linguistique, ni pour porter un jugement sur des documents anciens ; par suite il se sent inapte à utiliser dans un sens philosophique les faits qui y sont narrés et en même temps présentés comme acquis. Aussi décline-t-il de lui-même toute appréciation sur ce point. Pourtant les vastes lectures et le don spécial dont fait montre l'auteur pour rassembler autour d'un centre d'intérêt unique des données dispersées, permettent selon toute vraisemblance de supposer dès maintenant qu'il nous offrira du moins comme lecture nombre de belles pages concernant le cours des choses humaines, dans la mesure où celui-ci peut aider à mieux connaître le caractère de l'espèce et, si possible, certaines distinctions de classes. Ce qui ne peut manquer d'être instructif, même pour quiconque partage un autre point de vue au sujet des premiers débuts de toute histoire humaine.

Voici comment brièvement l'auteur exprime le fondement de son opinion personnelle : « Cette histoire dogmatique (du mosaïsme) raconte que les premiers hommes créés ont participé à l'enseignement reçu des Élohim, et que, sous l'autorité de ces derniers, par la connaissance des animaux, ils acquirent le langage et la raison dominatrice. Puis, l'homme veut par des voies défendues les égaler encore dans la connaissance du mal ; il y parvient pour son dommage : de ce moment il changea de résidence et commença un nouveau mode de vie plus artificiel. Si donc la puissance divine voulait que l'homme fît preuve de raison et de prévoyance, il fallait qu'elle se chargeât de lui avec raison et prévoyance... Et maintenant comment les Élohim ont-ils pris les humains en charge, c'est-à-dire comment les ont-ils instruits, mis en garde et éduqués ? S'il n'est pas tout aussi audacieux de poser cette question que d'y répondre, attendons qu'en un autre endroit la tradition nous fournisse des éclaircissements à ce sujet ».

Dans un désert inexploré il faut laisser au penseur, comme à un voyageur, entière liberté de choisir sa route au gré de ses convenances. On doit attendre de voir comment il s'en sort et si, après qu'il a atteint son but, il rentre sain et sauf en temps voulu au bercail, c'est-à-dire au domicile de la raison, auquel cas il peut escompter qu'il aura des émules. Ces considérations expliquent pourquoi notre critique ne se sent pas le droit d'avoir un avis sur la route originale où l'auteur s'est engagé. Il se croit seulement en droit de prendre sous sa protection quelques propositions contre lesquelles en cours de route l'auteur a rompu une lance : car on ne peut lui refuser cette même liberté de se tracer une voie à soi-même. On lit en effet : « Voici un principe simple, certes, mais mauvais pour une éventuelle histoire de l'humanité. Il s'énonce ainsi : l'homme est un animal qui a besoin d'un maître, et qui attend de ces maîtres ou d'une entente entre ceux-ci la félicité de sa destinée finale ». Ce principe est simple, soit : du fait que l'expérience de tous les temps le confirme pour tous les peuples ; mais pourquoi mauvais ? Il est dit plus loin : « La Providence dans sa sagesse a fait preuve de bonté, en préférant aux fins artificielles poursuivies par d'importantes sociétés la félicité plus simple d'hommes pris isolément et en faisant l'épargne pour l'avenir, dans toute la mesure du possible, de telles machines politiques coûteuses ». Tout à fait d'accord : mais en premier lieu la félicité d'un animal, puis celle d'un enfant, celle d'un jeune homme, et enfin celle d'un homme. A toutes les époques de l'humanité, de même que, pour une époque donnée, dans tou-

tes les couches sociales, on trouve une félicité qui est
exactement adaptée aux conceptions et à l'accoutuman-
ce de la créature au milieu dans lequel elle est née et où
elle a grandi. Bien plus, en ce qui concerne le dernier
point, il n'y a pas même possibilité d'établir une comparaison dans ce domaine, ni d'indiquer une préférence
pour une classe humaine ou une génération aux dépens
d'une autre. Mais si le dessein véritable de la Providence n'était pas cette image de la félicité que l'homme se
crée à lui-même ; si c'était l'activité et la culture mises
en jeu de ce fait et considérées dans leur progrès et leur
développement incessants, dont le point culminant ne
peut être que la produit d'une constitution politique établie selon des concepts relevant du droit humain ? « Chaque homme pris isolément porterait en lui-même la mesure de sa félicité » lit-on encore, sans le céder en rien
dans la jouissance de celle-ci à l'un quelconque des individus qui lui succéderait. Cependant, en ce qui concerne la valeur non pas de leur état quand ils existent,
mais la valeur de leur existence même, c'est-à-dire le
pourquoi exact de leur existence, sur ce point seulement
pourrait se manifester un sage dessein du point de vue
du Tout. L'opinion de notre auteur serait-elle celle-ci ?
Que si les heureux habitants de Tahiti n'avaient jamais
reçu la visite de nations plus policées et se trouvaient
destinés à vivre dans leur tranquille indolence encore des
milliers de siècles, on tiendrait une réponse à la question : à quoi bon l'existence de ces gens et est-ce qu'il
ne vaudrait pas autant avoir peuplé ces îles de moutons et de veaux heureux que d'hommes heureux dans
leur pure satisfaction physique ? Alors, notre principe
n'est donc pas si mauvais que l'auteur le pense. Possible
qu'un homme mauvais l'ait énoncé. — Et maintenant
une seconde proposition dont il nous faut assurer la défense. On lit : « Si quelqu'un venait dire que ce n'est

pas l'individu mais l'espèce qui reçoit une éducation,
il tiendrait à mes oreilles un langage incompréhensible.
En effet le genre et l'espèce ne sont que des concepts généraux et ils n'ont d'existence que dans les individus. C'est comme si je parlais de l'animalité, de la mi-
néralité, de la métallité en général pour les parer des at-
tributs les plus somptueux mais qui seraient contradictoires dans les individus... ne laissons pas notre philosophie de l'histoire s'aventurer sur les sentiers de la philosophie d'Averroès ». Certes, quiconque dirait : « Nul
cheval n'a de cornes, mais l'espèce chevaline est pour-
vue de cornes » énoncerait une grosse bêtise. Car en ce
cas l'espèce signifie uniquement : le signe particulier qui
permet précisément de grouper ensemble tous les individus. Mais si par espèce humaine on entend : la *totalité*
d'une lignée de générations s'étendant à l'infini (dans
l'indéterminable), et c'est là un sens très usuel de l'expression ; si l'on admet encore que cette lignée se rapproche continuellement du tracé de sa destination qui
court à ses côtés, il n'y a plus contradiction à dire qu'elle
est asymptotique à celle-ci et que pourtant dans son ensemble elle se confond avec elle. En d'autres termes on
peut dire : aucun membre pris isolément dans toutes ces
générations du genre humain, mais l'espèce seule atteint
pleinement sa destination. Au mathématicien de fournir
à ce sujet des explications. Le philosophe dirait pour son
compte : la destinée du genre humain considérée dans
son ensemble est une *ascension continue ;* et l'accom-
plissement total de celle-ci est une idée pure, mais utile à
tous égards ; celle du but vers lequel, conformément au
dessein de la Providence, nous avons à tendre nos efforts.

Toutefois le malentendu que nous venons de relever
dans le passage de polémique mentionné ci-dessus n'est
qu'une vétille. La fin est plus importante : « Ne laissons

pas, y lit-on, notre philosophie de l'histoire s'aventurer sur les sentiers de la philosophie d'Averroès. »

Il est permis d'en conclure que notre auteur, si souvent ombrageux à l'endroit de tout ce qu'on a jusqu'ici fait passer pour de la philosophie, ne s'en tiendra pas à une définition de mots stérile et qu'un jour il va enfin donner au monde dans cet ouvrage exhaustif par des actes et des exemples un modèle de la vraie façon de philosopher.

# 5

# DÉFINITION DU CONCEPT DE RACE HUMAINE

Les récents voyages ont répandu à propos des variétés de l'espèce humaine des connaisances qui, jusqu'à présent, ont plutôt eu pour résultat d'inciter l'entendement à s'instruire davantage sur ce sujet que de le satisfaire.

Or il est de la plus haute importance d'avoir au préalable défini très exactement le concept que l'on veut éclaircir par des observations, avant d'interroger l'expérience à son sujet ; car l'expérience ne peut nous procurer ce dont nous avons besoin que si nous savons d'abord ce que nous devons y chercher. On parle beaucoup des différentes *races humaines*. Certains entendent bien par là des *espèces* tout à fait différentes d'hommes ; d'autres, par contre, se confinent à vrai dire dans un sens plus restreint ; mais ils ne semblent pas trouver là une distinction sensiblement plus importante que celle que les hommes établissent entre eux par leurs façons de se grimer ou de s'habiller. Mon intention est simplement pour le moment de définir avec exactitude ce concept de *race,* s'il en existe dans l'espèce humaine ; expliquer l'origine des races, qui ont une existence réelle et que l'on croit pouvoir qualifier de ce nom, ce n'est qu'un détail accessoire dont on peut penser ce qu'on veut. Et cependant, je vois des hommes par ailleurs perspicaces quand il s'agissait seulement de juger ce qui a été dit il y a quelques années à ce propos [1], concentrer toute leur attention uniquement sur ce côté accessoire, à savoir l'application hypothétique du principe ; quant au principe lui-même, d'où cependant tout dérive, ils n'ont fait que l'effleurer. C'est là le destin commun à maintes recherches qui veulent remonter à des principes ; destin qui peut bien par suite nous dissuader de toute discussion et de toute justification dans le domaine spéculatif, mais qui peut par contre nous inviter à adopter comme seule attitude sage la recherche de définitions plus précises et l'éclaircissement des malentendus.

### I. SEUL CE QUI, DANS UNE ESPÈCE ANIMALE, EST HÉRÉDITAIRE, PEUT JUSTIFIER UNE DISTINCTION DE CLASSE À L'INTÉRIEUR DE CETTE ESPÈCE

Le *Maure* (Maurétanien) qui, bruni dans sa patrie au contact de l'air et au soleil, se différencie énormément de l'Allemand ou du Suédois, par la couleur de la peau, et le *Créole* français ou anglais des Antilles, qui paraît pâle et exténué comme un malade convalescent, peuvent tout aussi peu pour cette raison être rangés dans des classes à part de l'espèce humaine, que le paysan espagnol de la Manche, toujours vêtu de noir, comme un maître d'école, parce que les moutons de sa province ont généralement de la laine noire. Car si le Maure grandit en chambre et le Créole en Europe, il n'y a plus moyen de les distinguer tous les deux des habitants de notre continent.

Le missionnaire Demanet se donne des airs d'être seul capable de bien juger de la noirceur des Nègres, parce qu'il a vécu quelque temps au Sénégal, et refuse tout droit d'en juger à ses compatriotes les Français. J'affirme au contraire qu'on peut bien mieux juger en France de la couleur des Nègres qui y ont séjourné longtemps, et mieux encore de ceux qui y sont nés, que dans la patrie des Noirs eux-mêmes ; pour autant qu'on veuille définir ainsi la distinction de classe entre eux et les autres hommes. Car ce qu'en Afrique le soleil a im-

primé sur la peau des Nègres, et qui n'est pour eux,
par conséquent, qu'accidentel, doit disparaître en
France ; et seule doit persister la noirceur due à la naissance, celle que le Nègre transmettra, et qui, par suite,
peut seule servir à une différenciation de classes.
Quant à la couleur propre des Insulaires des Mers du
Sud, on ne peut s'en faire, d'après toutes les descriptions que nous en avons jusqu'ici, aucune représentation sûre. Car, bien que l'on compare la couleur de
certains d'entre eux à celle de l'acajou, je ne sais cependant pas ce qu'il faut, dans cette couleur brune, attribuer uniquement à une coloration donnée par l'air et le
soleil, et ce qu'il faut mettre sur le compte de la
naissance. Un enfant qui naîtrait en Europe d'un pareil
couple pourrait seul prouver la couleur propre de leur
peau *naturelle* sans équivoque possible. D'un passage
du voyage de Carteret (qui, à vrai dire, pendant son
expédition n'avait accosté que peu de terres, mais avait
vu néanmoins divers insulaires sur leurs canoës),
je conclus que les habitants de la plupart des îles
doivent être des Blancs. Car c'est sur l'île de Frévill
(au voisinage de l'Archipel des Mers Indiennes), qu'il a
rencontré, selon ses dires, pour la première fois, la
vraie couleur jaune de la peau hindoue.

Quant à savoir s'il faut imputer la forme des têtes des
indigènes de Malikolo à la nature ou à des artifices,
savoir jusqu'où va la différence entre la couleur naturelle de la peau des Cafres et de celle des Nègres ; et,
pour ce qui a trait à d'autres propriétés caractéristiques,
savoir si celles-ci sont imprimées héréditairement et par
la nature elle-même à la naissance, ou seulement dues
au hasard, tout cela ne pourra être établi d'ici longtemps
encore de façon décisive.

## II. ON PEUT ADMETTRE DU POINT DE VUE DE LA COULEUR DE LA PEAU QUATRE CLASSES DIFFÉRENTES D'HOMMES

Nous ne connaissons avec certitude pas d'autres différences héréditaires pour la couleur de la peau que celles qui existent entre *Blancs, Hindous jaunes, Nègres* et Américains à peau d'un *rouge cuivré*. Il est remarquable que ces caractères semblent se prêter éminemment à une classification de l'espèce humaine : pour la *première raison* d'abord que chacune de ces classes quant à la résidence est passablement isolée (c'est-à-dire séparée des autres, tout en manifestant une unité propre) : la classe des *Blancs* qui va du Cap Finistère, passe par le Cap Nord, le Fleuve Ob, la petite Bucharie, la Perse, l'Arabie Bien-Heureuse, l'Abyssinie, la limite nord du Désert du Sahara, pour aller jusqu'au Cap Blanc, en Afrique, ou à l'embouchure du Sénégal ; celle des *Noirs* qui, à partir de ce point, va jusqu'au Cap Noir, et exception faite des Cafres, revient en Abyssinie ; celle des *Jaunes* qui occupent l'Hindoustan proprement dit jusqu'au Cap Comorin (une espèce mâtinée de Jaunes occupe l'autre presqu'île des Indes et quelques îles avoisinantes) ; celle des *Rouges-cuivrés* se situe dans une partie du monde tout à fait à part, c'est-à-dire en Amérique. La *deuxième raison* qui fait préférer ce caractère pour établir une classification, — bien qu'une différence de couleur puisse paraître insignifiante à beaucoup d'esprits — c'est que la décomposition des éléments par évaporation doit être le mécanisme essentiel dans le système providentiel de la nature. Ceci dans la mesure où la créature transportée dans tous les habitats et sous tous les climats, se trouve affectée très différemment par l'air et le soleil et doit pourtant persister de la façon la moins artificielle possible. Or la peau, considérée comme l'organe de cette décomposition, porte en elle les traces de cette diversité du caractère naturel, sur laquelle on fonde la répartition de l'espèce humaine en classes visiblement différentes. D'ailleurs, je demande de bien vouloir admettre cette distinction *héréditaire* de la couleur de la peau (distinction que parfois l'on conteste), jusqu'à ce que par la suite nous ayons l'occasion de la confirmer ; et, en même temps, qu'on me permette d'admettre qu'il n'y a pas de caractères héréditaires pour les peuples quant à l'aspect naturel qu'ils révèlent, en dehors des quatre que j'ai cités ; cela pour la seule raison que ce nombre peut se prouver avec certitude, à l'exception de tout autre.

III. DANS LA CLASSE DES BLANCS, EN DEHORS DE CE QUI APPARTIENT ESSENTIELLEMENT À L'ESPÈCE HUMAINE, AUCUNE AUTRE PROPRIÉTÉ CARACTÉRISTIQUE N'EST NÉCESSAIREMENT HÉRÉDITAIRE : IL EN VA DE MÊME POUR LES AUTRES CLASSES

Parmi nous autres Blancs, il y a beaucoup de qualités héréditaires qui n'appartiennent pas au caractère de l'espèce, et par lesquelles se différencient entre elles des familles, voire des peuples ; mais en même temps aucune d'elles ne se transmet *infailliblement* à l'espèce ; au contraire ceux qui en sont pourvus donnent dans le croisement avec d'autres hommes de la classe des Blancs des enfants chez qui manque cette qualité.

Ainsi le teint blond est dominant au Danemark ; en Espagne au contraire (et plus encore chez les peuples d'Asie classés parmi les Blancs), c'est le teint brun qui domine avec ses caractères secondaires : couleur des yeux et des cheveux. Il peut même arriver que dans un peuple pris isolément ce teint à son tour se transmette héréditairement sans exception (comme chez les Chinois pour qui des yeux bleus paraissent ridicules), parce que, dans ce peuple, on n'a jamais rencontré aucun blond, qui ait pu transmettre son teint à ses descendants. Mais si l'un de ces bruns a une femme blonde, il donne une descendance d'enfants bruns ou blonds, selon qu'ils tiennent de l'un ou l'autre des parents, et inversement de même. Dans certaines familles, il y a une phtisie, une malformation, une démence, etc... héréditaire, mais aucun de ces maux héréditaires innombrables n'est *infailliblement héréditaire*. Sans doute serait-il préférable d'éviter soigneusement de telles alliances par mariage, si l'on voulait prêter quelque attention à la santé des souches ; mais j'ai cependant maintes fois constaté qu'un homme sain pouvait avoir d'une femme phtisique un enfant ayant une ressemblance avec le père dans tous ses traits, et en parfaite santé ; par contre, un autre ressemblait à la mère et était comme elle phtisique. De même je rencontre dans le mariage d'un homme raisonnable avec une femme normale elle-même, (bien qu'issue d'une famille atteinte de démence héréditaire), à côté de différents enfants normaux, un seul dément. Il y a là *transmission héréditaire*, mais n'apparaissant pas infailliblement sur les points de dissemblance entre les deux parents. On peut également ériger avec certitude cette règle en principe pour les autres classes humaines. Des Nègres, des Hindous ou des Américains ont eux aussi leurs particularités personnelles, familiales ou provinciales ; mais aucune de ces classes, dans le croisement avec d'autres êtres qui appartiennent *à la même classe,* n'introduira et ne maintiendra chez les descendants son originalité respective *de façon infaillible.*

## IV. DANS LE CROISEMENT ENTRE ELLES DES QUATRE CLASSES CITÉES CI-DESSUS LE CARACTÈRE DE CHACUNE D'ELLES SE CONSERVE INFAILLIBLEMENT

Le Blanc dans son croisement avec la négresse (et inversement) donne le *mulâtre,* avec l'Hindoue le *métis jaune,* et avec l'Américaine le *métis rouge ;* l'Américain croisé avec la Noire (et inversement) donne le *Caraïbe noir.* (Le croisement de l'Hindoue et du Nègre n'a jamais encore été essayé). Le caractère des classes au cours des mélanges se transmet *infailliblement* à l'espèce, et il n'y a à cela aucune exception ; là où l'on croit en citer des exemples, il y a à la base un malentendu ; on a pris un *Albinos* ou un *Kakerlaque* (tous deux phénomènes anormaux), pour des Blancs. Cette transmission se fait donc toujours des deux côtés, et n'est jamais unilatérale pour un seul et même enfant. Le père blanc lui imprime le caractère de sa classe, et la mère noire celui de la sienne. Il doit donc toujours en résulter une espèce intermédiaire ou bâtarde ; cette espèce métissée s'éteindra peu à peu, après un plus ou moins grand nombre de croisements avec une seule et même classe ; mais si elle se cantonne et s'unit à des êtres du même type, elle se propagera et se perpétuera.

## V. CONSIDÉRATION SUR LA LOI DE LA GÉNÉRATION NÉCESSAIREMENT MÉTISSÉE

Voici un phénomène toujours bien remarquable : au sein de l'espèce humaine, parmi tant de caractères variés, importants pour une part, voire héréditaires dans le cadre des familles, aucun d'eux pourtant à l'intérieur d'une classe humaine caractérisée par la seule couleur de la peau ne se transmet nécessairement. Par contre, ce dernier caractère, qui peut paraître insignifiant, se transmet de façon universelle et *infaillible,* tant à l'intérieur d'une classe donnée que par croisement de celle-ci avec l'une des trois autres. Peut-être cet étrange phénomène va-t-il nous permettre de faire quelques conjectures sur les causes qui déterminent la transmission de telles qualités n'appartenant pas essentiellement à l'espèce ; et cela, en raison du seul fait que leur transmission est infaillible.

Et tout d'abord c'est une entreprise aléatoire d'établir *a priori* les causes pour lesquelles il y a certains caractères qui, n'appartenant pas à l'essence de l'espèce, peuvent se transmettre par hérédité ; et dans cette incertitude des sources de connaissance, la liberté des hypothèses est si illimitée qu'on ne peut que regretter de voir consacrer tant de soins et d'efforts à tenter des réfutations sur ce sujet, tandis que tous n'en font alors qu'à leur tête. Pour ma part, en pareille circonstance, je me borne à considérer la *maxime de la raison* bien précise d'où chacun part, et en fonction de laquelle communément il se met aussi à dénicher les faits qui vont à l'appui de cette maxime ; puis je cherche la mienne qui déjà me rend sceptique à l'égard de toutes ces explications: établir clairement les arguments opposés. Et si je trouve ensuite que ma maxime est digne de foi, exactement appropriée à l'usage de la raison dans les sciences de la nature, et seule valable pour un mode de pensée conséquent, alors je la suis sans m'adresser à ces prétendus faits qui, pour se faire accepter comme hypothèses, empruntent leur créance et leur validité à la maxime préalablement choisie ; car à ces faits on pourrait tout aussi aisément opposer des centaines d'autres. La transmission héréditaire sous l'action de l'imagination des femmes enceintes, ou des juments dans leurs poulinières ; l'arrachage de la barbe chez des peuples entiers, de même que le raccourcissement de la queue chez les chevaux anglais, à la suite de quoi la nature ne pourrait plus enfanter des produits pour lesquels elle était primitivement organisée ; les nez aplatis que les parents commencent par façonner sur les nourrissons, puis que la nature accepterait de faire entrer ensuite dans les cadres de sa force créatrice : toutes ces explications et d'autres encore trouveraient sans doute difficilement crédit malgré l'appui des faits que l'on allègue et auxquels on peut opposer d'autres faits bien plus dignes de foi, si une maxime de la raison, d'ordinaire fort exacte, ne leur servait de garantie : c'est qu'il vaut mieux risquer des conjectures à partir de phénomènes donnés plutôt que d'admettre à ce propos des forces primitives particulières de la nature ou des dispositions innées (conformément au principe : « *principia praeter necessitatem non sunt multiplicanda* »). Mais à cette première maxime de l'économie des principes superflus vient pour moi s'en opposer une autre, à savoir que dans le tout de la nature organique, au milieu de tous les changements des créatures individuelles, leur espèce se conserve inchangée (selon la formule des écoles : *quaelibet natura est conservatrix sui*).

Il est donc clair que, s'il faut concéder au charme magique de l'imagination ou au souci de raffinement des hommes dans la création de forces animales, le pouvoir de dévier la force de procréation elle-même, de transformer le modèle primitif de la nature ou de le déformer par des adjonctions, qui par suite deviennent durables également chez les générations suivantes, on ne voit finalement plus du tout l'original d'où partit la nature, ni non plus jusqu'où peut aller la transformation de cet original. Et, comme l'imagination des hommes ne connaît pas de limites, on ne voit pas en quelle caricature les espèces et les genres sont encore susceptibles de finalement dégénérer. En vertu de cette considération, je prends pour principe fondamental de n'admettre absolument aucune influence de l'imagination qui vienne estropier le travail de création de la nature, ni aucun pouvoir des hommes susceptible de produire par des raffinements extérieurs des changements dans l'ancienne forme originale des genres ou des espèces, ou susceptible d'apporter semblables changements dans la force de procréation, et de rendre ceux-ci héréditaires. Car si j'admets une fois en passant un cas de cette sorte, c'est comme si j'acceptais un seul conte fantastique ou féerique. Alors les bornes de la raison se trouvent franchies, et l'illusion s'insinue par cette fissure dans des milliers de cas. Nul danger d'ailleurs qu'en prenant cette résolution j'aie l'intention de me rendre aveugle à l'égard d'expériences réelles, ou, ce qui reviendrait au même, obstinément incrédule. Car tous ces bizarres phénomènes portent tous, autant qu'ils sont, en eux-mêmes ce caractère qu'ils ne souffrent absolument *aucune expérience*, et qu'ils veulent être uniquement prouvés en saisissant au passage des constatations accidentelles. Mais alors, tout ce qui par nature, bien que susceptible d'expériences, n'en supporte cependant aucune ou les refuse continuellement sous toutes sortes de prétextes, tout cela est illusion et fantaisie pure. Voilà les raisons pour lesquelles je ne puis adopter une méthode d'explication qui favorise au fond la tendance chimérique à la magie, trop heureuse de se dissimuler sous n'importe quel déguisement, si mince soit-il ; d'après cette méthode, la transmission à l'espèce, même celle qui n'est qu'accidentelle et qui ne réussit pas toujours, pourrait être, le cas échéant, l'effet d'une cause autre que celle qui se trouve dans les germes et les dispositions inhérentes elles-mêmes à l'espèce.

4

Mais, même si pour certains caractères qui, nés
d'empreintes accidentelles, deviendraient néanmoins
héréditaires, j'acceptais de reconnaître leur existence,
il serait cependant impossible d'expliquer par là comment ces quatre couleurs différentes sont, parmi toutes
celles qui se transmettent, les *seules* qui se maintien-
nent *infailliblement* dans l'espèce. Quelle peut en être la
cause, sinon que celles-ci ont dû préexister à l'état de
germe dans la souche primitive de l'espèce humaine
(souche au sujet de laquelle nous ne savons rien), en
tant que dispositions naturelles indispensables à la conservation de la race, du moins à l'époque première de
sa propagation, et qui de ce fait devaient inévitablement se retrouver dans les générations postérieures ?

Nous serons donc forcés d'admettre qu'il y a eu une
fois *diversité entre des souches* humaines installées à
peu près dans les habitats où nous les trouvons à présent, qui étaient adaptées exactement aux diverses
contrées en vue de la conservation de l'espèce par la
nature et qui donc aussi étaient organisées de façons
diverses ; les quatre couleurs de peau sont le signe distinctif extérieur de cette diversité. Et ce n'est pas
uniquement dans l'habitat propre à chaque souche que
cette couleur de peau se transmettra nécessairement
par hérédité ; mais une fois que le genre humain
s'est suffisamment fortifié (ce complet développement
étant atteint soit peu à peu et exclusivement sous l'effet
du temps, soit par l'usage lent et progressif de la raison
faisant intervenir l'art pour aider la nature), elle se
maintient sans s'affaiblir sous tout autre climat également, et à travers toutes les générations de la même
classe. Car ce caractère est lié nécessairement à la
force de création, puisqu'il était indispensable à la conservation du type. Mais si ces souches étaient *primitives,* on ne pourrait expliquer ni comprendre en rien

pourquoi dans leur mélange actuel le caractère qui précisément les différencie se maintient *infailliblement* dans le type, comme cela se produit en fait. Car la nature a donné à chaque souche son caractère originellement en fonction du climat où elle habite et en conformité avec celui-ci. L'organisation de chacune poursuit donc un tout autre but que celle des autres.

Or, malgré cela, les forces génératrices de chacune, même en ce qui concerne leur différence caractéristique, doivent s'harmoniser de façon qu'une race intermédiaire non seulement puisse venir au jour, mais même doive en résulter infailliblement. Si l'on admet la multiplicité des souches à l'origine, ceci ne se comprend plus. D'où la nécessité d'admettre l'hypothèse suivante : dans les germes d'une *souche primitive unique* ont dû se trouver nécessairement les dispositions qui ont abouti à cette distinction de classe ; ceci était requis pour que la dite souche fût apte à un peuplement graduel des différents climats du globe.

Telle est la supposition préalable nécessaire pour comprendre comment ces dispositions s'étant à l'occasion développées sous des formes variées, tout en restant en conformité avec la nature de cette souche unique, des classes différentes d'hommes sont apparues ; et comment aussi elles ont dû nécessairement par la suite introduire un caractère personnel déterminé dans le croisement avec toutes les autres espèces. Car ce caractère était la condition de la possibilité de leur propre existence, donc aussi de la possibilité du développement du type ; en effet, il découlait de la première disposition nécessaire inhérente à la souche originaire. Par conséquent, une fois admises de telles propriétés qu'on rencontre infailliblement et qui, même lorsqu'il y a mélange avec d'autres classes, se sont néanmoins transmises héréditairement sous forme métissée, on est obligé de conclure à la dérivation à partir d'une seule et unique souche : parce que, sans cela, *la nécessité* de la transmission héréditaire ne serait pas explicable.

### VI. SEUL CE QUI SE TRANSMET INFAILLIBLEMENT PAR HÉRÉDITÉ, DANS LES DIFFÉRENTES CLASSES DE L'ESPÈCE HUMAINE, PEUT JUSTIFIER LA DÉNOMINATION D'UNE RACE HUMAINE PARTICULIÈRE

Sans doute des qualités qui appartiennent essentiellement à l'espèce elle-même, et par suite qui sont communes à tous les hommes en tant que tels, sont infailliblement héréditaires ; mais parce qu'elles ne différencient nullement les hommes entre eux, on ne les retient pas dans la classification des *races*. Des caractères physiques par lesquels les hommes se *différencient* entre eux (sans distinction de sexe), et les caractères physiques seuls qui sont héréditaires, voilà ce que l'on retient. (Cf. III pour fonder sur ceux-ci une division de l'espèce en classes. Mais ces classes ne peuvent être appelées *races* que si les caractères se transmettent infailliblement à l'espèce (aussi bien à l'intérieur d'une même classe que dans le croisement avec toutes les autres). Le concept de race renferme donc premièrement le concept de souche commune ; deuxièmement il renferme des caractères *qui se transmettent par hérédité* et qui forment la distinction de classe entre les descendants de celle-ci. Ce sont sur ces derniers qu'on fonde avec sûreté la différenciation grâce à laquelle nous pouvons répartir le genre en classes qui ensuite, en vertu du premier point, à savoir l'unité de la souche, doivent s'appeler, non pas *espèces*, mais seulement *races*. On ne doit pas séparer la classe des *Blancs,* comme une espèce particulière du genre

humain, de celle des *Noirs,* et il n'y a pas du tout
*d'espèces diverses d'hommes.* Car on nierait par là
l'unité de la souche d'où elles auraient pu sortir; et
l'on a montré par la transmission héréditaire infaillible des caractères de classe que rien ne justifie cela,
mais que le contraire est plus vraisemblable [2]. Le concept de race est donc *la différence entre classes d'animaux à l'intérieur d'une seule et même souche, dans la
mesure où cette différence est infailliblement héréditaire.*

Voilà la définition que j'ai personnellement l'intention
de donner dans ce traité : le reste, on peut le considérer comme des vues secondaires ou comme un simple
accessoire, et soit l'accepter, soit le rejeter. Ce n'est
que le premier point que je considère comme prouvé et
en outre utilisable, en tant que principe de recherche
dans l'histoire de la nature, parce qu'il est susceptible
d'une *expérience.* Et cette expérience peut nous guider
avec sûreté dans l'application de ce concept qui, faute
de cela, serait hésitante et incertaine.

Si des êtres humains de conformation différente sont
placés dans des conditions propres à leur croisement, il
y a, si la génération est métissée, déjà une forte présomption qu'ils devaient bien appartenir à des races différentes ; mais si le produit de leur croisement est *toujours*
métissé, la présomption devient une certitude. Par contre, même si dans un cas unique il ne se produit pas de
métissage, on peut être sûr que les deux parents sont du
même genre, et, si différents qu'ils puissent sembler,
appartiennent cependant à la même race.

Je n'ai admis que quatre races du genre humain. Non
que je sois tout à fait certain que nulle part il n'y a de
trace d'autres races. Mais parce que c'est seulement
chez celles-ci que ce que j'exige pour fixer le caractère
d'une race, à savoir la génération métissée, se pro-

duit réellement ; et ceci ne peut être démontré de façon suffisante pour aucune autre classe humaine. C'est ainsi que M. Pallas, dans sa description des populations mongoles, dit que le premier croisement d'un Russe avec une femme du type indiqué (une *Buriate*) donne aussitôt au premier degré de beaux enfants ; mais il ne note pas si on ne rencontre absolument aucune trace de l'origine kalmouke chez ces enfants. Ce serait un phénomène remarquable si le croisement de Mongols et d'Européens devait effacer totalement les traits caractéristiques des premiers, car pourtant on continue à retrouver toujours ces traits — sous un aspect plus ou moins évident — dans le croisement des Mongols avec les populations plus méridionales (probablement des Hindous) et de même, autant que je sache, chez les Chinois, les Javanais, les Malais, etc... Mais les particularités mongoles concernent proprement la taille et non la couleur, dont seule l'expérience jusqu'ici enseigne la transmission infaillible à l'espèce en tant que caractère racial. On ne peut pas non plus établir avec certitude, si la stature cafre des Papous et des diverses populations analogues des Iles du Pacifique dénote une race particulière, parce qu'on ne connaît pas encore le résultat de leur croisement avec des Blancs ; car ils se différencient suffisamment des Noirs par leur barbe broussailleuse bien que frisée.

### Remarque

La théorie qui admet l'existence très particulière de certains *germes* originels dans la première souche commune des hommes, qui sont développés dans les variétés raciales actuelles, repose entièrement sur l'*infaillibilité* de leur transmission. Toutes nos connaissances à propos des quatre races précitées du genre humain confirment cela. Peut-être certains considèrent-

ils et tiennent-ils ce principe d'explication pour une mul-
tiplication superflue des principes dans l'histoire de la
nature, et ils estiment qu'on pourrait bien se passer de
telles dispositions naturelles spéciales, en admettant
que la souche primitive de parenté est blanche, et que
les autres soi-disant races s'expliquent par les impressions produites ensuite sur les descendants par le soleil
et l'air. Or ceux-là n'ont pour autant encore rien prouvé, quand ils allèguent que mainte autre particularité
est finalement elle aussi devenue héréditaire, simplement
à la suite du long séjour d'un peuple dans la même
région, et que de là naît un nouveau caractère physique
pour un peuple donné. Qu'ils citent donc un exemple
montrant la transmission *infaillible* de telles particularités à l'espèce ; et, qui plus est, non pas à l'intérieur
d'un même peuple, mais dans le croisement de celui-ci
avec tous les autres peuples différents de lui à cet
égard ; un exemple où le lignage direct donne sans exception des cas métissés. Mais ils ne sont pas en état
de fournir cette preuve. Car il ne s'en trouve d'exemple
à l'appui d'aucun caractère autre que celui dont nous
avons fait mention ci-dessus, et dont les origines remon-
tent au delà de toute histoire. Préféreraient-ils admettre différentes *souches humaines primitives,* avec leurs
caractères héréditaires ? Cela, en premier lieu, ne
profiterait guère à la philosophie, qui devrait avoir re-
cours à des créatures différentes et qui n'en sacrifie-
rait pas moins l'unité du genre. Car des animaux dont
la diversité est si grande que, pour leur existence,
autant de créations diverses seraient nécessaires, peuvent bien appartenir à un *genre nominal* (s'il s'agit de
les classer d'après certaines ressemblances), mais
jamais à un *genre réel,* si du moins l'on entend par là
la possibilité radicale de tout dériver à partir d'un couple unique. Or la découverte de ce dernier genre est à

proprement parler l'affaire de l'histoire de la nature,
tandis que la description de la nature peut se contenter
du premier. Mais de plus, en second lieu, cette harmonie étrange des forces de création qu'on constate-
rait entre deux genres de nature différente qui,
rigoureusement étrangers l'un à l'autre, du point de
vue de leur origine, pourraient néanmoins fusionner de
façon féconde, serait une hypothèse tout à fait inutile,
et sans autre justification que le bon plaisir de la
nature. Si l'on veut, pour démontrer cette dernière
hypothèse, citer des cas d'animaux chez qui des phénomènes analogues se produisent, indépendamment de la
diversité de leurs souches primitives, chacun contes-
tera devant de tels exemples la supposition ci-dessus ;
et en outre, à propos d'un tel croisement, chacun con-
clura précisément à l'unité de souche ; ce que l'on
fait à propos du croisement entre chiens et renards,
etc..., etc...

La *transmission infaillible à l'espèce* des qualités
respectives que possèdent les parents, voilà donc la
seule pierre de touche véritable et en même temps suffisante pour connaître la différence entre les races
auxquelles ils appartiennent, et c'est ainsi une preuve
de l'unité de souche dont ils sont issus : une preuve de
ces germes originels placés à l'intérieur de cette souche,
qui se sont développés dans la suite des générations, et
sans lesquels tant de variétés héréditaires ne seraient pas
apparues, et surtout n'auraient pas pu devenir *nécessairement héréditaires*.

La part de *finalité* dans une organisation est cependant le fondement universel d'où nous concluons à l'existence des moyens placés originellement dans la nature
d'une créature en vue de la réalisation de ce dessein ; et,
si ce but ne devait être atteint que bien plus tard, nous
concluons à l'existence de germes innés. Or on ne peut

prouver cette finalité plus clairement par l'originalité d'aucune race que *celle des Noirs ;* mais l'exemple qui a été tiré de celle-ci seule nous autorise à faire néanmoins des conjectures par analogie entre celle-ci et les autres races. On sait en effet maintenant que le sang humain, du simple fait qu'il est surchargé de phlogistique, devient noir (comme on peut le voir sur la face inférieure d'un caillot). Or l'odeur forte des Noirs, qu'aucun soin de propreté ne parvient à dissiper, permet de supposer que leur peau élimine de leur sang une grande quantité de phlogistique, de façon que chez eux le sang s'en serve pour se *déphlogistiquer* à un degré bien supérieur au nôtre. Mais les vrais Noirs habitent aussi des régions où l'air est tellement saturé de phlogistique par d'épaisses forêts et des contrées couvertes de marécages, que, selon les relations de Linds, il y a danger de mort pour les marins anglais à remonter, ne serait-ce qu'un jour, le fleuve Gambie pour aller y acheter de la viande.

C'était donc un dispositif, témoignant d'une très sage invention de la nature qui a organisé leur peau de façon que le sang (puisque les poumons sont loin d'éliminer assez de phlogistique), puisse se déphlogistiquer par celle-ci, bien plus fortement que chez nous. Ce sang devrait donc transporter dans les terminaisons des artères beaucoup de phlogistique, et par conséquent à cet endroit, c'est-à-dire sous la peau même, il devrait en être surchargé du coup, donc paraître noir, alors qu'à l'intérieur du corps il est bien rouge. En outre, la différence d'organisation de la peau des Noirs et de la nôtre, même au toucher, est déjà remarquable.

Par ailleurs, en ce qui concerne la finalité dans l'organisation des autres races, telle que la couleur permet de la postuler, on ne peut évidemment pas la mettre aussi clairement en évidence ; cependant, on n'est pas sans avoir quelques principes d'explication quant à la couleur de la peau, qui permettent d'étayer cette présomption de finalité. Si l'abbé Fontana a raison dans ce qu'il affirme contre le Chevalier Landriani, à savoir que l'air subtil qui, à chaque expiration des poumons, est chassé, ne provient pas de l'atmosphère, mais sort du sang lui-même, il serait bien possible d'admettre qu'une race humaine eût un sang surchargé de cette acidité de l'air, au point que les poumons seuls ne pourraient l'éliminer, et que les vaisseaux de la peau devraient encore apporter leur contribution à ce travail. (Cette élimination ne se fait évidemment pas sous forme d'air, mais en combinaison avec d'autres matières exhalées). Dans ce cas, *l'acidité présumée de l'air* donnerait aux particules de fer dans le sang cette couleur rougeâtre de rouille qui distingue la peau des Américains ; et la transmission de cette conformation de peau à l'espèce peut donner l'explication de sa nécessité dans le fait que les habitants actuels de ce continent ont, pour atteindre leur résidence actuelle, pu venir du Nord-Est de l'Asie, donc seulement en suivant les rivages et peut-être même les glaces de l'Océan Glacial. Or, l'eau de cet océan doit aussi, en raison de son gel continuel, dégager régulièrement une masse énorme d'air subtil dont l'atmosphère se trouve là-bas vraisemblablement plus chargée que nulle part ailleurs ; aussi pour l'éliminer (comme la respiration ne dégage pas assez d'air subtil par les poumons), la nature doit-elle avoir par avance organisé la peau en conséquence. On prétend en effet avoir aussi remarqué chez les Américains primitifs une sensibilité bien plus atténuée de la peau, ce qui pourrait être une conséquence de cette organisation ; caractère qui se conserve ensuite, une fois qu'il s'est développé sous forme de différence raciale, même dans des climats plus tempérés.

Pour l'exercice de cette fonction, la matière ne manque pas non plus sous ces climats, car tous les aliments contiennent en eux une masse d'air subtil qui peut être assimilée par le sang et éliminée par la voie présumée plus haut. L'*alcali volatil* est également une matière que la nature doit éliminer du sang ; pour faire en même temps cette sécrétion, elle doit avoir placé certaines dispositions tendant à l'organisation particulière de la peau chez les descendants de la souche originelle qui, dans les premiers temps du développement de l'humanité, trouvaient résidence dans des contrées sèches et chaudes, rendant leur sang spécialement capable de fournir un excès de cette matière. Les mains froides des Hindous, même lorsqu'elles sont couvertes de sueur, semblent confirmer une organisation différente de la nôtre. Cependant, c'est une piètre consolation pour la philosophie que d'échafauder des hypothèses. Du moins sont-elles à la rigueur bonnes contre un adversaire qui, s'il ne trouve rien à objecter de valable contre une proposition, ne se sent plus de joie quand il s'aperçoit que le principe admis ne rend même pas intelligible la possibilité des phénomènes, pour lui rendre la pareille en opposant à son jeu d'hypothèses un autre tout pareil, ou du moins aussi vraisemblable.

Quel que soit le système que chacun adopte, il n'en reste pas moins certain que les races actuelles, si tout croisement entre elles était empêché, ne pourraient plus s'éteindre. Les Tziganes qui se trouvent parmi nous et dont on a prouvé l'origine *hindoue* fournissent la preuve la plus évidente de ce fait. On peut suivre la trace de leur présence en Europe plus de trois siècles en arrière, et même aujourd'hui ils ne témoignent dans leur aspect d'aucune dégénérescence, par rapport à leurs ancêtres. Les Portugais du fleuve Gambie, que l'on prétendait dégénérés en Nègres, sont les descendants de Blancs qui se sont *abâtardis* avec des Noirs ; car où est-il dit — est-il même vraisemblable — que les premiers Portugais qui sont venus là, aient amené avec eux un nombre égal de femmes blanches, et que toutes celles-ci aient vécu assez longtemps ou aient été remplacées par d'autres Blanches, pour fonder une descendance pure de Blancs sur un continent étranger ? Au contraire, nous avons de meilleurs renseignements, selon lesquels le roi Jean II qui régnait de 1481 à 1495, voyant mourir tous les colons qu'il avait envoyés à Saint-Thomas, repeupla cette île exclusivement avec des descendants de juifs (de confession chrétienne portugaise), d'où, pour autant qu'on sache, sont issus les Blancs de cette île. Les Créoles noirs d'Amérique du Nord, les Hollandais de Java, restent fidèles à leur race. Le teint artificiel dont le soleil recouvre leur peau, mais qu'un air plus doux efface, ne doit simplement pas être confondu avec les couleurs propres à la race ; car ce teint ne se transmet jamais héréditairement. Donc il faut que les germes qui avaient été originellement placés dans la souche du genre humain pour la création des races se soient développés déjà dès les temps les plus reculés selon les nécessités du climat, quand le séjour se prolongeait ; et quand une de ces dispositions s'était développée chez un peuple, elle effaçait entièrement toutes les autres. Aussi ne peut-on pas non plus admettre qu'un croisement antérieur entre différentes races selon certaines proportions puisse encore à présent reproduire le type de la souche primitive de l'homme. Car sans cela les métis qui résultent de croisements hétérogènes analogues recouvreraient naturellement de nos jours encore (comme jadis la souche primitive) les éléments originels de leur teint chez leurs descendants lors de la transplantation sous des climats différents. Or aucune expérience jusqu'ici ne nous donne le droit de faire cette supposition, car toutes ces générations bâtardes se conservent dans leurs développements ultérieurs avec autant de persistance que les races dont elles sont issues par croisement. Quel a été l'aspect de la souche humaine primitive (quant à la nature de sa peau) ? Il nous est impossible de le deviner actuellement d'après ce que nous venons de voir ; le caractère des Blancs lui-même n'est que le développement d'une des dispositions primitives que l'on rencontre en cette souche à côté des autres dispositions.

# 6

# CONJECTURES SUR LES DÉBUTS
## DE L'HISTOIRE HUMAINE

Sans doute est-il permis *dans le développement d'un exposé historique* de placer çà et là des conjectures pour combler les lacunes de nos documents ; car un premier fait considéré comme cause lointaine, puis un second fait considéré comme effet du premier peuvent nous guider avec assez de certitude dans la découverte des causes intermédiaires, qui rendent l'intervalle intelligible. Mais, si l'on se mettait à *dresser* de toutes pièces une histoire sur des conjectures, on ne ferait guère autre chose, semble-t-il, qu'ébaucher un roman. Et d'ailleurs une telle œuvre ne mériterait même pas le titre d'*Histoire conjecturale,* mais tout au plus celui de pure *fiction romanesque.* Néanmoins, ce que, dans le cours de l'histoire des actions humaines, on n'a pas le droit d'oser faire, on peut bien tenter de l'établir par des conjectures pour les *premiers débuts* de cette histoire, dans la mesure où c'est de l'œuvre de la *nature* qu'il s'agit alors. Car on n'a pas le droit de les tirer de sa fantaisie, mais on peut les déduire de l'expérience, en postulant que la nature à ses premiers débuts n'a été ni meilleure ni pire que nous la trouvons aujourd'hui, postulat qui est conforme à l'analogie de la nature, et qui n'a rien de téméraire. Une histoire du développement de la liberté à partir des dispositions primitives inhérentes à la nature de l'homme est donc tout autre chose que l'histoire du progrès de la liberté, histoire qu'on ne peut fonder que sur des documents.

Cependant des conjectures ne doivent pas élever trop

de prétentions à l'assentiment d'autrui, mais tout au plus s'annoncer comme un exercice concédé à l'imagination accompagnée de la raison, pour le délassement et la santé de l'esprit, et non comme une chose vraiment sérieuse. Aussi ne peuvent-elles pas se mesurer non plus avec le genre d'histoire qui traite de ce même sujet — histoire établie et accréditée en tant que documentation réelle, et dont le contrôle repose sur de tout autres arguments que la simple philosophie de la nature. Précisément donc, puisque je me lance ici simplement dans un voyage de plaisance, puis-je demander une faveur, celle d'utiliser comme carte un texte sacré et de m'imaginer en même temps que mon itinéraire, que je parcours sur les ailes de l'imagination, mais non sans garder un fil conducteur relié par la raison à l'expérience, retrouver exactement le même chemin déjà tracé dans ce texte d'un point de vue historique. Le lecteur consultera les pages de ce texte (*Genèse*, chap. II-VI), et vérifiera pas à pas si le chemin où s'engage la philosophie en suivant des concepts s'accorde avec celui que l'histoire indique.

Si on ne veut pas se perdre en de pures conjectures, il faut prendre pour point de départ ce que la raison humaine ne saurait déduire d'aucune cause naturelle antécédente, c'est-à-dire *l'existence de l'homme* et encore faut-il le considérer *à son complet développement*, car il doit se passer des soins maternels ; nous admettons un *couple*, afin que puisse se propager l'espèce ; mais un couple unique, pour éviter que la guerre n'éclate immédiatement entre hommes vivant en voisinage, mais étrangers les uns aux autres, et aussi pour ne pas rejeter sur la nature la responsabilité d'avoir par la diversité des souches négligé l'organisation la plus parfaite du point de vue de la sociabilité, considérée comme fin essentielle de la destinée humaine ; car l'unité de famille d'où devaient descendre tous les hommes fut sans doute le meilleur agencement en vue de cette fin. Je situe ce couple à l'abri des attaques des animaux de proie, en un lieu où la nature pourvoit abondamment à sa nourriture, c'est-à-dire dans une sorte de *jardin,* sous un climat d'une douceur toujours égale. Et qui plus est, je le considère seulement après qu'il a fait un pas considérable dans l'art de se servir de ses forces, et par conséquent je ne pars pas de sa nature à l'état absolument brut ; car le lecteur trouverait aisément trop de conjectures et trop peu de vraisemblance, si j'entreprenais de combler cette lacune qui embrasse probablement un très grand laps de temps. Le premier homme pouvait donc *se tenir debout et marcher ;* il savait *parler* (Cf. Gen. Ch. II, V. 20) [1], je dis même *s'exprimer,* c'est-à-dire parler en enchaînant des concepts (V. 23), donc *penser.* Autant d'aptitudes techniques qu'il a dû acquérir entièrement par lui-même (car, si elles lui étaient innées, elles seraient aussi héréditaires, ce qui est contredit par l'expérience) ; et cependant j'admets dès maintenant qu'il les possède pour ne faire entrer en considération dans sa conduite que le développement de l'élément moral, qui suppose nécessairement cette aptitude technique.

L'instinct, cette *voix de Dieu,* à laquelle tous les animaux obéissent, devait seul d'abord conduire notre nouvelle créature. Il lui permettait certaines choses pour sa nourriture, lui en interdisant certaines autres (III. 2. 3). Mais il n'est pas nécessaire d'admettre un instinct particulier aujourd'hui disparu pour cet usage ; le sens de l'odorat pouvait y suffire par sa parenté avec l'organe du goût, ainsi que l'affinité bien connue de ce dernier avec l'appareil digestif ; l'homme avait ainsi en quelque sorte le pouvoir de pressentir l'utilité ou la nocivité des aliments à consommer, ce dont on voit encore aujourd'hui des exemples. Et même on peut admettre que ce sens n'était pas plus aigu chez le premier couple qu'il ne l'est aujourd'hui. Car c'est un fait bien connu qu'il y a une différence considérable, dans la force des perceptions, entre les hommes qui ne sont occupés que par leurs sens et ceux qui, occupés en outre par leurs pensées, sont de ce fait détournés de leurs sensations.

Tant que l'homme inexpérimenté obéit à cet appel de la nature, il s'en trouva bien. Mais la raison commença bientôt à s'éveiller : elle établit un parallèle entre les impressions éprouvées et les données d'un autre sens indépendant de l'instinct, — peut-être le sens de la vue —, décelant une analogie entre ces données et les impressions antérieures ; elle chercha à étendre ses connaissances relatives aux éléments au delà des bornes de l'instinct (III. 6). Eventuellement, cette tentative aurait pu assez bien réussir, même sans suivre l'instinct, à condition néanmoins de ne pas le contredire. Or, une propriété de la raison consiste à pouvoir, avec l'appui de l'imagination, créer artificiellement des désirs, non seulement *sans* fondements établis sur un instinct naturel, mais même *en opposition* avec lui ; ces désirs, au début, favorisent peu à peu l'éclosion de tout un essaim de penchants superflus, et qui plus est, contraires à la nature, sous l'appellation de « *sensualité* ». L'occasion de renier l'instinct de la nature n'a eu en soi peut-être que peu d'importance, mais le succès de cette première tentative, le fait de s'être rendu compte que sa raison avait le pouvoir de franchir les bornes dans lesquelles sont maintenus tous les animaux, fut, chez l'homme, capital et décisif pour la conduite de sa vie. Aussi, à supposer que la simple vue d'un fruit par analogie avec le souvenir d'autres fruits agréables goûtés antérieurement eût été l'occasion de la tentation ; à supposer qu'à cela vînt encore s'ajouter l'exemple donné par un animal, qui par sa nature trouvait agrément à consommer un tel fruit, nocif en revanche pour l'homme, et que chez ce dernier par conséquent, un instinct naturel ait agi dans le sens de la répulsion, cela pouvait déjà fournir à la raison la première occasion de chicaner avec la voix de la nature (II. I), et malgré l'opposition de cette nature, permettre la première tentative d'un libre choix ; tentative qui, du fait qu'elle était la première, ne répondit vraisemblablement pas à ce qu'en attendait l'homme. Et on peut bien minimiser autant qu'il plaira l'étendue du dommage qui en résulta : les yeux de l'homme s'ouvrirent néanmoins dans cette épreuve (III. 7). Il découvrit en lui un pouvoir de se choisir à lui-même sa propre conduite, et de ne pas être lié comme les autres animaux à une conduite unique. A la satisfaction que dut éveiller en lui, sur le coup, la découverte de cet avantage, comment lui, qui ne connaissait pas encore les propriétés latentes et les effets lointains de chaque chose, allait-il s'y prendre avec ce pouvoir nouvellement découvert ? Il se tenait pour ainsi dire au bord d'un précipice ; car en dehors des objets de son désir que l'instinct jusque là lui avait indiqués, une infinité d'autres lui étaient offerts, au milieu desquels il ne savait encore comment choisir ; et, après avoir connu une fois cet état de liberté, il lui devenait pourtant désormais impossible de retomber dans la servitude, de se remettre sous la coupe de l'instinct.

Juste après l'instinct de nutrition, par lequel la nature conserve chaque individu, le plus important est l'*instinct sexuel* grâce auquel la nature pourvoit à la conservation de chaque espèce. La raison après son éveil ne tarda pas non plus à manifester son influence sur celui-ci. L'homme trouva bientôt que l'excitation sexuelle, qui chez les animaux repose seulement sur une impulsion passagère et la plupart du temps périodique, était susceptible pour lui de se prolonger et même de s'accroître sous l'effet de l'imagination, qui fait sentir son action avec d'autant plus de mesure sans doute, mais aussi de façon d'autant plus durable et plus uniforme, que l'objet est *soustrait aux sens* ; ce qui évite la satiété qu'entraîne avec soi la satisfaction d'un désir purement animal. La feuille de figuier (III. 7) fut donc le résultat d'une manifestation de la raison bien plus importante que toutes celles qui étaient survenues antérieurement au tout premier stade de son développement. Car le fait de rendre une inclination plus forte et plus durable, en retirant son objet aux sens, dénote déjà une certaine suprématie consciente de la raison sur les inclinations et non plus seulement, comme au degré inférieur, un pouvoir de les servir, sur une plus ou moins grande échelle. Le *refus* fut l'habile artifice qui conduisit l'homme des excitations purement sensuelles vers les excitations idéales, et peu à peu du désir purement animal à l'amour. Et, avec l'amour, le sentiment de ce qui est purement agréable devint le goût du beau, découvert d'abord seulement dans l'homme, puis aussi dans la nature. La *décence*, penchant à provoquer chez autrui de la considération à notre égard par nos bonnes manières (en masquant ce qui pourrait inciter au mépris), et fondement réel de toute vraie sociabilité, fut en outre le premier signe de la formation de l'homme en tant que créature morale. Ce fut un début modeste, mais il fait époque, en donnant à la forme de la pensée une toute nouvelle orientation, et il est plus important que toute la série interminable des développements ultérieurs de la culture.

Le troisième progrès accompli par la raison, après

qu'elle se fut mêlée des premiers besoins immédiats sensibles, ce fut l'*attente* réfléchie de l'*avenir*. Ce pouvoir de ne pas jouir seulement de l'instant de vie présent, mais de se représenter d'une façon actuelle l'avenir souvent très lointain, est le signe distinctif le plus caractéristique de la supériorité de l'homme pour se préparer selon sa destination à des fins lointaines ; mais c'est aussi en même temps la source intarissable de soucis et de peines que l'avenir incertain fait surgir, et auxquels tous les animaux sont soustraits (III. 13-19). L'homme qui avait à assurer sa subsistance, celle de sa femme et des enfants à naître, prévoyait la difficulté toujours croissante de son labeur ; la femme prévit les ennuis auxquels la nature avait soumis son sexe, et en outre ceux que l'homme plus fort lui imposerait. Avec terreur, tous deux eurent la vision de ce qui, après une vie pénible, se tient au fond du décor, de ce qui arrive pour tous les animaux de façon inéluctable sans cependant les tourmenter : de la mort. Ils parurent alors se reprocher comme un crime et réprouver l'usage de la raison qui leur avait occasionné tous les maux. Vivre dans leur postérité, qui connaîtrait peut-être davantage de bonheur, ou bien encore vivre au sein d'une famille qui pourrait alléger leurs peines, voilà quelle fut peut-être la seule perspective consolante qui leur donna du courage (III. 16-20).

Le quatrième et dernier progrès que fit la raison, achevant d'élever l'homme tout à fait au-dessus de la société animale, ce fut qu'il comprit (obscurément encore) qu'il était proprement *la fin de la nature*, et que rien de ce qui vit sur terre ne pouvait lui disputer ce droit. La première fois qu'il dit au mouton : « *la peau que tu portes, ce n'est pas pour toi, mais pour moi que la nature te l'a donnée* », qu'il la lui retira et s'en revêtit (III. 21), il découvrit un privilège qu'il avait, en rai-

son de sa nature, sur tous les animaux. Et il cessa
désormais de les considérer comme ses compagnons
dans la création, pour les regarder comme des moyens
et des instruments mis à la disposition de sa volonté en
vue d'atteindre les desseins qu'il se propose. Cette représentation implique (obscurément sans doute) la
contre-partie, à savoir qu'il n'avait pas le droit de traiter un homme de cette façon, mais qu'il devait le considérer comme un associé participant sur le pied
d'égalité avec lui aux dons de la nature ; c'était se
préparer de loin à la limitation que la raison devait à
l'avenir imposer à sa volonté à l'égard des hommes
ses semblables, et qui, bien plus que l'inclination et
l'amour, est nécessaire à l'établissement de la société.

Et ainsi l'homme venait d'atteindre *l'égalité avec
tous les autres êtres raisonnables,* à quelque rang qu'ils
pussent se trouver (III. 22), c'est-à-dire, en ce qui concerne sa prétention d'*être à lui-même sa fin,* le droit
d'être estimé par tous les autres comme tel, et de
n'être utilisé par aucun comme simple moyen pour
atteindre d'autres fins. C'est là-dessus, et non pas sur la
raison, si elle est considérée comme instrument pour
satisfaire nos divers penchants, que repose le fondement
de l'égalité tellement illimitée de l'homme : même à
l'égard d'êtres supérieurs qui par ailleurs pourraient
le surpasser au delà de toute comparaison quant aux
dons reçus de la nature, mais dont aucun n'acquiert de
ce fait le droit de disposer de lui et d'en user arbi-
trairement à son égard. Par suite, ce progrès est également lié à *l'affranchissement* qui a exilé l'homme du
sein maternel de la nature, changement à son honneur
certes, mais qui en même temps reste néanmoins gros
de dangers ; car la nature l'a chassé de l'existence
d'innocence enfantine tranquille, comme d'un jardin où
il trouvait dans l'insouciance sa subsistance (III. 23), et

l'a précipité dans le vaste monde, où tant de soucis, de peines, de maux inconnus l'attendaient. Dans l'avenir, les difficultés de la vie lui arracheront plus d'une fois le souhait d'un paradis, création de son imagination, où il pourrait, dans une oisiveté tranquille et une paix perpétuelle, passer son existence à rêver ou à folâtrer. Mais entre lui et ce séjour imaginaire de délices se pose la raison inexorable, qui le pousse irrésistiblement à développer les facultés placées en lui, et ne lui permet pas de retourner à l'état de rusticité et de simplicité d'où elle l'avait tiré (III. 24). Elle le pousse à supporter patiemment la fatigue qu'il hait, à rechercher le faux éclat qu'il méprise et à oublier même la mort qui le fait frissonner, au profit de toutes ces bagatelles dont la perte l'effraie encore plus.

### Remarque

Voici donc le résultat de cet exposé des débuts de l'histoire humaine : le départ de l'homme du paradis que la raison lui représente comme le premier séjour de son espèce, n'a été que le passage de la rusticité d'une créature purement animale à l'humanité, des lisières où le tenait l'instinct au gouvernement de la raison, en un mot de la tutelle de la nature à l'état de liberté. La question de savoir si l'homme a gagné ou perdu à ce changement ne se pose plus si l'on regarde la destination de son espèce qui réside uniquement dans *la marche progressive* vers la perfection. Peu importent les erreurs du début lors des essais successifs entrepris par une longue série de générations dans leur tentative pour atteindre ce but. Cependant, cette marche, qui pour l'espèce représente un *progrès* vers le mieux, n'est pas précisément la même chose pour l'individu. Avant l'éveil de la raison, il n'y avait ni prescription ni interdiction, donc aucune infraction encore ; mais lorsque la raison entra en ligne et, malgré sa faiblesse, s'en prit à l'animalité dans toute sa force, c'est alors que dut apparaître le mal ; et, qui pis est, au stade de la raison cultivée, apparut le vice, totalement absent dans l'état d'ignorance, c'est-à-dire d'innocence. Le premier pas, par conséquent, pour sortir de cet état, aboutit à une *chute* du point de vue moral ; du point de vue physique la conséquence de cette chute, ce furent une foule de maux jusque là inconnus de la vie, donc *une punition*. L'histoire de la *nature* commence donc par le Bien, car elle est *l'œuvre de Dieu* ; l'histoire de la *liberté* commence par le Mal, car elle est *l'œuvre de l'homme*. En ce qui concerne l'individu qui, faisant usage de sa liberté, ne songe qu'à soi-même, il y eut perte lors de ce changement ; en ce qui concerne la nature, soucieuse d'orienter la fin qu'elle réserve à l'homme en vue de son espèce, ce fut un gain. L'individu a donc des raisons d'inscrire à son compte comme sa propre faute tous les maux qu'il endure et tout le mal qu'il fait ; mais en même temps, comme membre du Tout (d'une espèce), il a raison d'admirer et d'estimer la sagesse et la finalité de l'ordonnance.

De cette façon, on peut aussi accorder entre elles et avec la raison les affirmations qui furent si souvent dénaturées et en apparence contradictoires du célèbre J.-J. Rousseau. Dans ses ouvrages sur l'*Influence des Sciences* et sur l'*Inégalité des hommes,* il montre très justement la contradiction inévitable entre la civilisation et la nature du genre humain en tant qu'espèce *physique*, où chaque individu doit réaliser pleinement sa destination ; mais dans son *Émile,* dans son *Contrat Social,* et d'autres écrits, il cherche à résoudre un problème encore plus difficile : celui de savoir comment la civilisation doit progresser pour développer les dispositions de l'humanité en tant qu'espèce *morale*, con-

formément à leur destination, de façon que l'une ne
s'oppose plus à l'autre conçue comme espèce naturelle.
De cette contradiction (étant donné que la culture
selon les vrais principes de *l'éducation* de l'homme, en
même temps du citoyen, n'est peut-être pas même encore bien entreprise, et, à plus forte raison, bien achevée), naissent tous les vrais maux qui pèsent sur
l'existence humaine, et tous les vices qui la déshono-
rent [2] ; cependant que les impulsions qui poussent aux
vices et qu'on rend responsables en ce cas sont en elles-
mêmes bonnes et, en tant que dispositions de la nature,
adaptées à leurs propres fins ; mais ces dispositions,
étant donné qu'elles n'ont été créées qu'en fonction
de l'état de nature, sont contrariées par les progrès de
la civilisation ; et réciproquement elles portent préjudice à ces progrès, jusqu'au moment où l'art, atteignant
sa perfection, devienne de nouveau nature ; ce qui est
la fin dernière de la destination morale pour l'espèce
humaine.

## DISPOSITIONS QUI FIXENT L'HISTOIRE

Le début de la période suivante fut le temps où
l'homme passa de l'époque du confort et de la paix à
celle du *travail et de la discorde,* sorte de prélude à
l'union dans le cadre des sociétés. Ici nous devons
faire encore un grand saut, et transporter l'homme d'un
seul coup à la période où il est en possession de bêtes
domestiques et de plantes que, pour se nourrir, il a pu
lui-même multiplier par les semailles et les plantations
(IV. 2) ; toutefois le passage de la vie de capture rudi-
mentaire du gibier à ce premier stade, puis de la
récolte aléatoire de racines ou de fruits, à ce deuxième état, a dû se produire assez lentement. Et
c'est alors que dut commencer la discorde entre des

hommes qui vivaient jusque là en paisible voisinage ;
cela eut pour conséquence qu'ils se distinguèrent selon
différents modes de vie et s'éparpillèrent sur la terre.
La *vie pastorale* est non seulement douce, mais encore
elle donne la subsistance la plus sûre, parce qu'on ne
peut manquer de pâture sur de vastes étendues de terrain inhabité. Par contre *l'agriculture*, ou la plantation,
sont très pénibles, parce qu'elles sont liées aux variations météorologiques, et par conséquent peu sûres ;
elles exigent une habitation sédentaire, la propriété
du sol, et une force suffisante pour défendre celle-ci.
Mais le pâtre hait cette propriété qui limite la liberté
de pâture. A première vue, le laboureur semble avoir le
droit d'envier le pâtre, comme plus favorisé par le ciel
(V. 4) : mais en réalité le cultivateur ressentait dés-
agréablement la présence du pâtre tant que ce dernier
restait dans son voisinage ; car le bétail qui paît
n'épargne pas ses plantations ; après avoir causé des
dégâts, c'est chose facile au pâtre de s'éloigner avec
son troupeau, en se dispensant de tout dédommage-
ment parce qu'il ne laisse rien derrière lui qu'il ne
puisse retrouver tout aussi bien ailleurs. Aussi est-ce
sans doute le laboureur qui dut employer la force contre
de tels préjudices, que l'autre ne considérait pas
comme illégitimes ; et (comme il ne pouvait éviter
tout à fait de tels incidents), s'il ne voulait pas perdre les
fruits de son long labeur, il lui fallut s'éloigner finalement aussi loin que possible de ceux qui menaient la vie
pastorale (IV. 16). Ce départ préside à la troisième
époque.

Un sol qu'il faut travailler et planter (particulièrement d'arbres), pour en tirer la subsistance, exige que
les habitants y vivent en sédentaires ; la défense de ce
sol contre tout dommage suppose une foule d'hommes
se prêtant un mutuel appui. Aussi les hommes, avec ce

genre de vie, ne purent plus s'éparpiller par familles, mais ils durent se grouper et bâtir des agglomérations (improprement appelées *villes)*, pour protéger leur propriété contre les chasseurs sauvages ou les hordes de bergers errants. Les premiers besoins de l'existence, auxquels on ne peut pourvoir que par la *diversité des formes de vie* (IV. 2) purent alors *s'échanger* mutuellement. D'où la naissance de la culture, et les débuts de l'*art* (aussi bien arts d'agrément que beaux-arts) (IV. 21. 22). Mais, fait essentiel, là aussi prirent naissance les premiers rudiments de la constitution civile et de la justice publique : d'abord uniquement sans doute pour régler les violences les plus graves, dont la punition vengeresse ne fut plus dès lors laissée aux particuliers, comme dans l'état de barbarie, mais confiée à une puissance légale qui maintint la cohésion de l'ensemble, c'est-à-dire à une sorte de gouvernement, au-dessus duquel on n'exerçait plus les pratiques de violence (V. 23. 24). A partir de ces premières dispositions encore barbares put se développer peu à peu tout l'art humain, en particulier la *sociabilité* et la *sécurité civile* qui sont les pratiques les plus utiles ; et la race humaine put se multiplier et rayonner partout à partir d'un centre, comme les essaims d'abeilles, tandis qu'elle répandait et expédiait à travers le monde des colons déjà civilisés. C'est à cette époque aussi que naquit l'*inégalité* parmi les hommes, cette abondante source de tant de maux, mais aussi de tant de biens ; et elle s'accentua encore par la suite.

Mais tant que les peuples nomades de pasteurs, qui ne reconnaissent que Dieu pour maître, harcelèrent les habitants des villes et les agriculteurs, qui ont un homme pour maître (magistrat) (VI. 4) [3] ; tant qu'ils leur firent la guerre en ennemis déclarés de toute propriété territoriale, les attaquèrent, et furent en retour l'objet de leur haine, pendant tout ce temps, il y eut vraiment entre eux un état incessant, — ou du moins un danger persistant — de guerre. Et, des deux côtés, les peuples purent, à l'intérieur au moins, jouir du bien inestimable de la liberté. (Car le danger de guerre est à présent encore la seule chose qui limite le despotisme ; s'il est vrai que la richesse est de nos jours nécessaire pour faire d'un État une puissance, sans liberté, aucune industrie susceptible de procurer la richesse ne peut se faire jour. Chez un peuple pauvre, cette richesse est remplacée par une participation importante à l'entretien de la communauté, participation qui n'est à son tour possible que si l'on s'y sent libre). Mais avec le temps, le luxe naissant des citadins, et surtout l'art de plaire, grâce auquel les femmes des villes éclipsèrent les filles peu soignées des déserts, ont cependant dû être pour ces bergers un puissant appât (V. 2.) qui les incita à entrer en rapport avec ces gens, et les entraîna dans la brillante misère des villes. C'est alors que le mélange des deux peuplades jusque là ennemies, mettant fin à tout danger de guerre, en même temps qu'à toute liberté, amena le despotisme de tyrans puissants. Mais, par ailleurs, à ce stade d'une culture à peine débutante, il favorisa en même temps une luxure dénuée de spiritualité, dans l'esclavage le plus abject, jointe à tout le cortège de perversités de l'état barbare. D'autre part il détourna inévitablement le genre humain des voies qui lui étaient tracées par la nature, pour développer ses dispositions au Bien ; et par là il se rendit indigne même de son existence, qui est celle d'une race destinée à dominer la terre et non pas à jouir de façon animale et à vivre servilement comme des esclaves (V. 17).

*Remarque finale*

L'homme qui pense éprouve un chagrin capable de tourner à la perversion morale ; chagrin que l'homme qui ne pense pas ignore totalement. Le premier est en effet mécontent de la Providence qui préside de haut à la marche de l'Univers, lorsqu'il dénombre les maux qui pèsent si lourdement sur l'espèce humaine, sans qu'il y ait, semble-t-il, l'espoir d'une amélioration. Or il est de la plus haute importance d'*être satisfait de la Providence* (même si elle nous a tracé sur notre monde terrestre une voie très pénible), et pour garder courage au milieu des difficultés, et pour nous empêcher de rejeter notre faute propre sur le destin, en perdant ainsi de vue notre propre faute qui pourrait bien être la seule cause de tous ces maux, et en négligeant en retour le remède : notre amélioration personnelle.

Il faut l'avouer : les plus grands maux qui accablent les peuples civilisés nous sont amenés par la guerre, et à vrai dire non pas tant par celle qui réellement a lieu ou a eu lieu, que par les *préparatifs* incessants et même régulièrement accrus en vue d'une guerre à venir.

C'est à cela que l'État gaspille toutes ses forces, tous les fruits de la culture qui pourraient être utilisés à augmenter encore celle-ci ; on porte en bien des endroits un grave préjudice à la liberté, et les attentions maternelles de l'État pour des membres pris individuellement se changent en exigences d'une dureté impitoyable, légitimées toutefois par la crainte d'un danger extérieur. Mais cette culture, l'étroite union des classes dans la communauté en vue de l'accroissement mutuel de leur bien-être, la population, et qui plus est, ce degré de liberté persistant, même en dépit des lois restrictives, est-ce que tout cela subsisterait, si cette crainte constante de la guerre n'amenait de force

chez les chefs de l'État *la considération* envers
l'Humanité ? Il suffit de considérer la *Chine* qui, par
sa situation même, peut bien redouter à la rigueur quelque attaque imprévue, mais d'aucun ennemi puissant,
et où, de ce fait, toute trace de liberté a disparu. — Donc
au degré de culture auquel est parvenu le genre
humain, la guerre est un moyen indispensable pour la
perfectionner encore ; et ce n'est qu'après l'achèvement
(Dieu sait quand) de cette culture qu'une paix éternelle
nous serait salutaire et deviendrait de ce fait possible.
Nous sommes donc sur ce point bien responsables des
maux à propos desquels nous élevons des plaintes si
amères ; et le texte sacré a tout à fait raison de représenter la fusion des peuples en une société et leur
libération complète du danger extérieur lors des tout
premiers débuts de leur développement, comme un
obstacle à toute culture plus élevée, et comme l'en-
gloutissement dans une incurable corruption.

Le deuxième *sujet de mécontentement* des hommes
porte sur l'ordonnance de la nature en ce qui concerne
*la brièveté de la vie.* On ne sait que bien mal appré-
cier la valeur de celle-ci, si on peut encore souhaiter
qu'elle doive se prolonger plus longtemps que sa durée
réelle ; nous nous bornerions alors à prolonger un jeu
où nous nous trouvons constamment aux prises avec
d'énormes difficultés. Mais on ne peut certes tenir
rigueur à l'homme de témoigner d'une mentalité enfantine, de craindre la mort sans aimer la vie ; il a bien
du mal, n'importe quel jour de son existence, à goûter
une satisfaction passable : et pourtant il souhaiterait
prolonger encore cette vie pour recommencer ce cal-
vaire. Mais, si l'on réfléchit seulement au nombre
d'injustices commises dans l'espoir d'une jouissance
future, si brève soit-elle, il faut admettre raisonnablement que si les hommes pouvaient compter sur une vie

de 800 ans et plus, c'est à peine si le père se sentirait en sécurité pour son existence en face de son fils, le frère en face de son frère, ou un ami en face d'autres amis ; et les vices d'une espèce humaine vivant si longtemps devraient atteindre un tel degré qu'ils ne mériteraient meilleur sort que d'être supprimés de la terre sous un déluge universel (VI. 12-13).

Le *troisième* vœu est plutôt un vain regret (car on peut bien être assuré que l'objet de ce vœu ne pourra jamais être accessible) : c'est le fantôme de l'*âge d'or*, si vanté des poètes, où nous serions délivrés de tous les besoins imaginaires que crée en nous le luxe ; où nous satisferions les simples besoins de la nature, et où régnerait une égalité parfaite, une paix éternelle, entre les hommes : en un mot où l'on jouirait pleinement d'une vie exempte de soucis, coulée dans la paresse et la rêverie, ou passée à folâtrer parmi des jeux d'enfants. C'est ce regret qui rend si attrayants les Robinsons et les voyages dans les îles des mers du Sud ; mais qui, avant tout, prouve la lassitude ressentie par l'homme doué de pensée au contact de la vie civilisée, s'il ne cherche le prix de celle-ci que dans la *jouissance ;* et qui lui fait estimer par compensation la valeur de la paresse, si par hasard la raison l'incite à trouver le prix de la vie dans l'action. La vanité de ce vœu du retour aux temps de l'innocente simplicité est suffisamment démontrée, si le tableau esquissé plus haut de l'état primitif nous a enseigné que l'homme ne saurait s'y maintenir, parce qu'il ne lui suffit pas. Encore moins serait-il disposé à y retourner jamais ; si bien que, c'est finalement à lui-même qu'il doit imputer l'état présent de ses malheurs.

L'homme tirera donc avantage et utilité, s'il veut s'instruire et s'améliorer, d'un tel exposé de son histoire : cet exposé lui montre qu'il ne devrait pas faire grief à la Providence des maux qui l'oppriment, et qu'il n'est pas fondé non plus à rejeter sa propre faute sur le compte d'un pêché originel qui aurait rendu transmissible par hérédité une certaine inclination à des incartades de ce genre (car des actions faites en vertu d'une volonté radicale ne peuvent entraîner avec elle aucune hérédité). Il montre encore qu'au contraire l'homme doit reconnaître en toute légitimité comme accompli par lui-même ce qui résulte de ses actions, et faire retomber entièrement sur lui-même la responsabilité de tous les maux qui découlent du mauvais usage de sa raison ; car il peut fort bien se rendre compte qu'il se serait conduit exactement de la même façon dans les mêmes circonstances, et qu'il aurait commencé par faire un mauvais usage de la raison (allant même jusqu'à agir contre les indications de la nature). Et si ce que nous venons de dire au sujet du mal moral est justifié, la considération des maux physiques proprement dits ne peut plus guère faire pencher la balance à notre avantage dans le décompte de nos mérites et de nos fautes.

Tel est le résultat décisif d'une histoire des tout premiers débuts de l'homme que tenterait de faire la philosophie : satisfaction à l'égard de la Providence et à l'égard du cours des affaires humaines considérées dans leur ensemble ; cours qui ne part pas du Bien pour aller vers le Mal, mais qui se déroule lentement du pis vers le meilleur, selon un progrès auquel chacun dans sa patrie et dans la mesure de ses forces est lui-même appelé par la Nature à contribuer.

# 7

# SUR L'EMPLOI DES PRINCIPES
## TÉLÉOLOGIQUES
## DANS LA PHILOSOPHIE

Si l'on entend par *nature* la totalité de ce qui possède une existence déterminée selon des lois, c'est-à-dire le monde (sous son appellation usuelle de nature), y compris sa cause première, — deux voies peuvent s'ouvrir à l'étude de la nature (qui porte le nom, dans le premier cas, de Physique, et, dans le deuxième cas, de Métaphysique) : la voie purement *théorique*, ou la voie *téléologique*. Mais cette dernière voie, en *Physique*, n'utilise que des fins qui puissent nous être connues par l'expérience ; la *Métaphysique,* par contre, conformément à sa vocation, n'utilise qu'une fin fondée sur la raison pure. J'ai montré ailleurs que la raison, en Métaphysique, ne peut réaliser comme elle le désirerait *tous* ses desseins en suivant la voie théorique de la nature (en ce qui concerne la connaissance de Dieu), et que par conséquent il ne lui reste plus que la voie téléologique ; entendons néanmoins par là que ce ne sont pas les fins de la nature, fondées uniquement sur des preuves tirées de l'expérience, mais une fin déterminée *a priori* par la raison pure pratique (dans l'Idée du Bien suprême), qui doit suppléer au défaut et aux insuffisances de la théorie. C'est un droit, ou plutôt un besoin analogue, de partir d'un principe téléologique là où la théorie nous abandonne, que j'ai essayé de justifier dans un petit essai sur les Races humaines. Mais les deux cas impliquent une exigence à laquelle l'entendement se soumet de mauvais gré, et qui peut donner lieu à bien des malentendus.

La Raison, à bon droit, fait appel dans toute recherche naturelle d'abord à la théorie, et ensuite seulement à la finalité. Aux lacunes de la première, on ne peut suppléer ni par une téléologie, ni par une finalité pratique. Quelle que soit la clarté avec laquelle nous pouvons mettre en évidence la justesse de notre hypothèse quant à des causes finales (qu'il s'agisse de la nature ou de notre volonté), nous demeurons toujours ignorants à l'égard des causes efficientes. Cette plainte semble fondée là où, (comme dans ce cas métaphysique), ce sont précisément des lois pratiques qui doivent précéder pour indiquer tout d'abord la fin en vue de laquelle je me propose de déterminer le concept d'une cause qui, de cette façon, ne semble nullement se régler sur la nature de l'objet, mais seulement répondre aux desseins et aux besoins qui nous préoccupent personnellement.

Il est toujours difficile de *s'accorder* sur des principes, dans des cas de ce genre, où la raison est sollicitée par deux intérêts qui se limitent réciproquement. Mais il n'est déjà pas si facile même de *s'entendre* sur de tels principes, parce qu'ils concernent la méthode de pensée avant la détermination de l'objet et que des exigences contradictoires de la raison rendent équivoque le point de vue où nous nous plaçons pour considérer notre sujet d'étude. Dans la présente Revue, deux de mes essais sur deux sujets de nature très différente et d'importance très inégale ont été soumis à l'examen de critiques fort sagaces. Dans un cas, *je n'ai pas été compris*, alors que je m'attendais à l'être ; dans l'autre, contre toute attente, j'ai parfaitement été *compris ;* dans les deux cas, il s'agit d'esprits distingués, jeunes et vigoureux, dans l'essor de la gloire. Le premier m'a soupçonné de vouloir répondre à une question d'études naturelles *physiques* par des témoigna-

ges de la religion ; le deuxième m'a justifié contre le
soupçon d'avoir voulu porter préjudice à la religion en
démontrant l'insuffisance d'une recherche naturelle
*métaphysique*. Dans les deux cas, la difficulté de se
faire comprendre tient à ce que n'a pas encore été mis
en lumière le droit de se servir du principe téléologique là où ne suffisent pas des sources théoriques de
connaissance, mais en limitant cependant son usage de
telle manière que le droit de *préséance* soit assuré à
la recherche théorico-spéculative, pour éprouver d'a-
bord tout son pouvoir (et à ce sujet, quand il s'agit
des recherches métaphysiques, ce qui est exigé à bon
droit de la raison pure, c'est qu'elle légitime au
préalable son pouvoir, et, d'une façon générale, sa
prétention de décider de n'importe quoi, et qu'en
même temps elle découvre complètement *les ressources de son pouvoir*, pour avoir le droit qu'on lui
fasse crédit); ainsi, par la suite, cette liberté ne devra plus jamais lui être contestée. Une grande partie du
désaccord repose ici sur l'appréhension du préjudice
qui menacerait le libre usage de la raison ; si cette
appréhension est dissipée, je crois pouvoir faire disparaître facilement aussi les obstacles à un accord.

Contre un commentaire inséré dans la *Berliner
Monatsschrift* de Novembre 1875 concernant mon opinion exprimée bien antérieurement sur le concept et
l'origine des races humaines, M. le Conseiller intime
Georg Forster soulève dans le *Mercure Allemand*
d'octobre 1786 des objections qui, semble-t-il, proviennent de l'incompréhension du principe d'où je pars. En
effet, cet homme célèbre trouve dès le début scabreux
d'établir au préalable un principe d'après lequel le
savant qui étudie la nature doit se laisser guider même
dans la *recherche* et les observations, et plus spécialement un principe susceptible d'orienter l'observation

vers la constitution d'une *Histoire de la Nature*, en la différenciant *de la simple description de la nature*, de même qu'il juge inadmissible une telle différenciation ; mais le désaccord peut facilement disparaître.

En ce qui concerne la première difficulté, il est sans aucun doute certain que, par le seul tâtonnement empirique et sans un principe conducteur qui oriente la recherche, aucune finalité n'aurait jamais été découverte, car organiser l'expérience *méthodiquement*, cela s'appelle simplement *observer*. Grand merci au voyageur purement empirique et à ses récits, spécialement quand il s'agit d'arriver à une connaissance cohérente, dont la raison doit se servir pour confirmer une théorie ! Ordinairement, voici sa réponse à toute question qu'on lui pose : « Je l'aurais bien remarqué, si j'avais su qu'on m'interrogerait là-dessus. » M. Forster suit cependant lui-même les directives du principe de Linné, c'est-à-dire admet la fixité du caractère des éléments de fécondation dans les plantes, faute de quoi la *description* systématique de la *nature* du règne végétal n'aurait pas revêtu une ordonnance et pris une extension aussi éclatantes. Que certains soient assez inconsidérés pour introduire leurs idées dans l'observation même (et, comme c'est arrivé au grand naturaliste lui-même, pour considérer la ressemblance de ces caractères en suivant certains exemples, comme une indication de la ressemblance des propriétés des plantes), c'est hélas très vrai, de même que la leçon données à des *raisonneurs pressés* (leçon qui vraisemblablement ne nous concerne ni l'un ni l'autre), est tout à fait bien fondée ; toutefois, cet usage illégitime ne peut pas annuler la validité de la règle.

Mais, en ce qui concerne la distinction contestée, ou même purement et simplement rejetée, entre *description de la nature et histoire de la nature*, si on voulait entendre sous ce dernier titre une relation d'événements de la nature à quoi aucune raison humaine ne peut prétendre, par exemple la première origine des plantes et des animaux, ce serait là assurément, selon l'expression de M. Forster, une science pour des Dieux qui auraient assisté à la création, ou même en seraient les auteurs, non une science pour des hommes. Par contre, se contenter de remonter l'enchaînement entre certaines dispositions actuelles des objets de la nature et leurs causes dans le passé selon des lois de causalité que nous n'inventons pas, mais que nous déduisons des forces de la nature, telle qu'elle se présente maintenant à nous, et se contenter de poursuivre cette régression aussi loin que le permet l'analogie, voilà ce que serait une histoire de la nature, histoire qui, à vrai dire, est non seulement possible, mais aussi qui a été fréquemment tentée par des naturalistes de valeur, par exemple dans les théories de la terre (parmi lesquelles celle du célèbre Linné trouve aussi sa place), peu importe l'étendue de leurs résultats. Et l'hypothèse elle-même de M. Forster concernant l'origine des Nègres n'appartient certes pas à la description de la nature, mais bien à l'histoire de la nature. Cette distinction repose sur l'essence des choses, et je ne prétends pas par là inventer quelque nouveauté, mais seulement marquer la séparation scrupuleuse entre deux domaines, parce qu'ils sont totalement *hétérogènes*, et, alors que l'une (la description de la nature), en tant que science, se montre dans tout l'éclat d'un grand système, l'autre (l'histoire de la nature) ne peut exhiber pour l'instant que fragments ou hypothèses chancelantes. En introduisant cette distinction et en représentant la deuxième comme une science à part, quoique réalisable, jusqu'ici (et peut-être même pour toujours) plutôt sous forme d'esquisse que sous forme de système constitué

(science dans laquelle pour la plupart des questions un
« *blanc* » pourrait bien rester), j'espère aboutir à ce résultat qu'on n'attribuera pas à l'une, en croyant bien
connaître la question, ce qui revient en fait uniquement
à l'autre ; qu'on parviendra à connaître d'une manière
mieux déterminée, d'une part, le champ des connaissances réelles dans l'histoire de la nature (car on en
possède bien quelques-unes), d'autre part les limites
inhérentes à la raison elle-même ainsi que les principes
d'après lesquels elle serait susceptible d'étendre son
application de la meilleure manière possible. On voudra
bien me savoir gré de ce soin méticuleux, à moi qui ai
tant souffert de l'insouciance avec laquelle on laisse
dans d'autres cas chevaucher les limites des sciences
les unes par-dessus les autres, et qui les ai fixées non
sans causer parfois du dépit à certains ; en outre, ce
faisant, j'ai été pleinement convaincu que, par la simple distinction de recherches hétérogènes jusque là mé-
langées, c'est souvent une lumière toute nouvelle qui
se lève pour les sciences, découvrant sans doute mainte
misère, qui pouvait auparavant rester cachée à l'abri
de connaissances étrangères, mais ouvrant aussi bien
des sources authentiques à la connaissance, là où
on n'aurait absolument pas pu supposer leur existence.
La plus grande difficulté, dans cette prétendue innova-
tion, tient simplement au nom. Le mot *Histoire*, dans sa
signification, étant donné qu'il exprime la même chose
que le mot grec *historia* (récit, description), est déjà
trop et depuis trop longtemps en usage, pour qu'on doive
se laisser facilement aller à lui accorder une autre signification, qui désignerait l'étude naturelle des origines,
surtout qu'il ne va pas non plus sans difficulté de découvrir une autre expression technique convenant à
celle-ci [1]. Cependant la difficulté qu'éprouve la langue à marquer une distinction ne peut pas supprimer

cette distinction quant au fond des choses. Sans doute le
désaccord sur le fond même du débat provient justement d'un malentendu analogue, d'une divergence due à
ce qu'on s'est écarté — écart inévitable — des expressions *classiques* quand il s'agissait du concept de *race*.
Il nous est arrivé ici ce que Sterne dit à l'occasion du
débat physiognomique, qui, à l'en croire, mit en émoi
toutes les Facultés de l'Université de Strasbourg :
« *Les logiciens auraient tranché l'affaire, si seulement
ils ne s'étaient pas heurtés à une définition.* » Qu'est-
ce qu'une race ? Le mot ne se trouve pas dans un système de la description de la nature ; on présume donc
aussi que la chose elle-même n'est pas dans la nature.
Mais le *concept* que cette expression désigne n'en est
pas moins très bien fondé dans la raison de chaque observateur de la nature, qui, ayant affaire à un caractère
particulier se transmettant héréditairement par le
croisement d'animaux différents, caractère qui n'est
pas inhérent au concept de leur espèce, pense à une
cause commune, à savoir une cause placée originellement dans la souche même de l'espèce. Que ce mot ne
paraisse pas dans la description de la nature, (mais à
sa place celui de variété), cela ne peut empêcher l'observateur en question de le trouver nécessaire du point
de vue de l'histoire de la nature. Mais pour cela, il doit
évidemment commencer par le définir clairement ; et
c'est ce que nous allons tenter ici.

Le nom de *race*, en tant que signe *rigoureusement*
particulier qui donne une indication sur une lignée
commune, et en même temps admet plusieurs caractères persistants héréditaires, non seulement de la
même espèce animale, mais encore de la même souche,
n'est pas choisi à la légère. Je le traduisais par *dérivation (progenies classifica)*, pour différencier une race
de la *dégénération (degeneratio, seu progenies speci-*

*fica*) [2], qu'on ne peut pas admettre parce qu'elle est en contradiction avec la loi de la nature (à propos de la conservation de ses espèces sous forme invariable). Le mot *progenies* indique que ce ne sont pas des caractères originels, répartis en autant de souches diverses que d'espèces du même genre, mais des caractères qui se développent avant tout dans la succession des générations, donc non pas différentes sortes, mais des dérivations, si définies et si constantes cependant qu'elles justifient une distinction de classes.

Selon ces notions préliminaires, le genre humain (considéré d'après sa marque distinctive générale dans la description de la nature) pourrait être partagé en *souche* (ou souches), *races* ou dérivations (*progenies classificae*) et diverses catégories humaines (*varietates nativae*), — ces dernières renfermant des marques distinctives qui ne sont pas immuables et ne se transmettant pas selon une loi qu'on pourrait indiquer, par conséquent insuffisantes pour établir une classification. Mais tout ceci n'est encore qu'une simple idée de la façon dont la raison peut combiner la plus grande diversité dans la génération avec la plus grande unité dans la souche originelle. S'il y a réellement une telle parenté dans le genre humain, c'est aux observations qui font connaître l'unité de la souche originelle d'en décider. Et ici on voit clairement qu'on doit être conduit par un principe déterminé, pour simplement *observer*, c'est-à-dire accorder attention à ce qui peut donner des indications sur la souche originelle, et non seulement sur la ressemblance des caractères. Car nous avons alors affaire à une tâche concernant l'histoire de la nature, non la description de la nature et la simple dénomination méthodique. Si l'on n'a pas organisé son étude selon ce principe, on doit reprendre ses recherches ; car ce dont on a besoin ne se présentera pas de soi-même pour permettre de décider s'il y a une parenté réelle ou simplement nominale entre les créatures.

De la diversité de la souche originelle, il ne peut y avoir aucun autre symptôme certain que l'impossibilité par croisement de deux classes humaines héréditairement distinctes de donner une postérité féconde. Mais si ce croisement réussit, la différence des formes, si grande soit-elle, n'est pas un obstacle suffisant pour empêcher de poser au moins la possibilité d'une souche originelle commune à ces classes ; car, de même que, malgré cette différence, il peut y avoir un croisement pour donner un produit qui renferme les caractères des deux, de même il a pu y avoir division en autant de races, par croisement, à partir d'une souche qui recélait en elle originellement les dispositions propres au développement des deux caractères, et la raison ne partira pas sans nécessité de deux principes, si elle peut se contenter d'un seul. Mais le signe caractéristique certain de propriétés héréditaires, comme marques distinctives d'autant de races, a déjà été indiqué. Maintenant, il reste encore quelques remarques à faire au sujet des *variétés* héréditaires qui donnent lieu à l'appellation de l'un ou l'autre des types d'hommes (type familial ou type national).

Une variété est la propriété héréditaire qui n'est pas matière de classification, parce qu'elle ne se transmet pas régulièrement. Car une telle permanence de caractère héréditaire est requise pour justifier, même dans la description de la nature, une division en classes. Une forme qui, en se reproduisant, transmet parfois seulement le caractère des proches parents et, à la vérité, la plupart du temps, d'un seul côté (caractère du père ou de la mère) n'apporte pas un indice grâce auquel on puisse reconnaître la souche originelle des deux parents ; par exemple la distinction des Blonds et des Bruns. Dès lors, la race ou dérivation est une *particularité infailliblement héréditaire* qui autorise bien la classification, mais néanmoins n'est pas *spécifique*, parce que la descendance infailliblement métissée (par conséquent *la fusion des caractères* qui posent sa distinction), ne permet pas du moins de tenir pour impossible que ces caractères variés héréditaires aient existé dès l'origine dans sa souche, réunis dans de simples dispositions, et ne se soient développés que progressivement et *séparément*, au cours des générations. Car on ne peut convertir un genre animal en espèce particulière s'il appartient en même temps qu'un autre à un seul et même système de production de la nature. Car dans l'histoire de la nature, genre et espèce deviendraient identiques, c'est-à-dire marqueraient la particularité héréditaire qui est incompatible avec une communauté de souche. Mais la particularité qui peut être compatible avec la souche commune, ou bien est nécessairement héréditaire ou bien elle ne l'est pas. Dans le premier cas cela établit le caractère de la *race*, dans l'autre celui de la *variété*.

A propos de ce que dans l'espèce humaine on peut appeler variété, je remarque ici que, par rapport à elle également, on ne doit pas envisager la nature comme créatrice de formes en toute liberté, mais exactement comme dans le cas des caractères raciaux, comme se bornant à développer ces formes et comme étant prédéterminée à les produire par des dispositions originelles ; car on y rencontre aussi une finalité et une appropriation correspondante, qui ne peuvent être l'œuvre du hasard. Ce que déjà Lord Shaftesbury remarquait, à savoir que dans chaque visage humain on trouve une certaine originalité (pour ainsi dire un véritable dessein) qui marque exactement l'individu en

vue de fins particulières qu'il n'a pas en commun avec
d'autres. Bien que nous ne soyons pas en mesure de
déchiffrer ces signes, tout portraitiste qui réfléchit
sur son art peut confirmer cette assertion : on lit sur un
portrait peint sur le vif et bien rendu qu'il est vrai, c'est-
à-dire qu'il ne s'agit pas d'un produit de l'imagination.
Mais en quoi consiste cette vérité ? Sans aucun doute,
dans une proportion définie de chacune des parties du
visage avec toutes les autres, pour exprimer un caractère individuel qui contient une fin obscurément représentée. Aucune partie du visage, même si elle nous
semble disproportionnée, ne peut, sur l'image peinte,
être changée en conservant les autres, sans que saute
aussitôt aux yeux du connaisseur, même s'il n'a pas vu
l'original, et par la simple confrontation avec le portrait fait sur nature, lequel des deux exprime la nature
pure et simple, et lequel est fruit de l'invention. La
variété entre hommes de la même race a été, selon
toute vraisemblance, introduite ainsi au sein de la
souche originelle en vue d'une fin, de manière à produire la plus grande diversité requise pour réaliser
une multitude de fins différentes, tout comme la différence des races sert à fonder des fins moins nombreuses, mais plus essentielles, et à les développer par
la suite ; compte tenu ici d'une différence importante,
à savoir que dans le deuxième cas les dispositions, une
fois qu'elles se sont développées (ce qui doit s'être
produit à une époque très reculée), ne donnent plus
naissance à aucune nouvelle forme de cette sorte et ne
font pas non plus disparaître les anciennes, tandis que
dans le premier cas, à notre connaissance du moins, ces
dispositions semblent dénoter une nature créatrice iné-
puisable de caractères nouveaux (aussi bien externes
qu'internes).

En ce qui concerne les variétés, il semble que la

nature veuille éviter la *fusion* : car celle-ci irait à l'encontre de sa fin, savoir la diversité des caractères. Par
contre elle autorise du moins, en ce qui concerne les
différences de races, celle-ci (je veux dire la fusion),
sans toutefois la favoriser : c'est que, grâce à cela, la
créature peut s'adapter à plusieurs climats ; néanmoins, cette adaptation ne la rend jamais aussi exactement adaptée à chacun de ses climats que la conformation primitive sous celui-ci. Car, pour ce qui va de
l'opinion commune, selon laquelle des enfants (appartenant à notre classe des Blancs) devraient recueillir de
leurs parents cet héritage des signes distinctifs qui
appartiennent à la variété (telle la stature, la forme
du visage, la couleur de la peau), et même l'héritage
de maints défauts (internes aussi bien qu'externes)
ceci dans la proportion moitié-moitié, (comme par exemple on dit : « cet enfant tient ceci de son père, et cela de
sa mère ») je ne puis donner créance à cette opinion, si
je considère avec une attention scrupuleuse la lignée
familiale. Les enfants s'apparentent pourtant (même
si ce n'est pas selon le père ou selon la mère) à
la famille du premier ou de la seconde sans mélange.
Et, si la répulsion ordinaire à l'égard des croisements
entre trop proches parents provient en grande partie de
causes morales, sans qu'on puisse en même temps prouver de façon suffisante la stérilité de ces unions, pourtant l'extrême extension de cette répugnance (au sein
même de populations incultes) laisse présumer qu'elle
est fondée sur une cause naturelle lointaine tendant à in-
terdire que se reproduisent continuellement les anciennes formes, mais visant au contraire à faire surgir toute
la diversité que la nature avait placée dans les germes
originels de la souche humaine. Un certain degré de
l'uniformité qui se manifeste dans la lignée d'une
famille ou d'un peuple ne doit pas non plus être imputé

à la conformation métissée de leurs caractères (ceci, à
mon sens, ne joue aucun rôle pour ce qui touche les variétés). Car l'excédent de force créatrice chez l'un ou
l'autre des conjoints, d'où il résulte que parfois presque
tous les enfants portent la marque soit de la souche pa-
ternelle, soit de la souche maternelle, peut, à côté de la
variété originairement grande des caractères, par le jeu de
l'action et de la réaction (c'est-à-dire du fait que les
transmissions d'un même côté deviennent toujours plus
rares) diminuer la diversité et entraîner une certaine
uniformité (visible seulement aux regards étrangers).
Cependant, je ne fais là que fournir en passant mon
opinion, et je laisse le lecteur juge sur ce point. Mais
voici qui est plus important : chez d'autres animaux,
presque tout ce qu'on pourrait mettre au compte de leur
variété (comme la grandeur, la nature de la peau,
etc...) se transmet par hérédité métissée ; et ce fait
— s'il est légitime de considérer l'homme par analogie
avec les animaux (quant à la reproduction) — semble
introduire une objection contre ma distinction entre
races et variétés.

Pour arbitrer ce débat, il faut adopter un point de
vue plus élevé pour l'explication de cette organisation
de la nature, à savoir que des animaux privés de raison, dont l'existence ne peut avoir de valeur que
comme moyen, ont dû être dotés pour des usages différents de façon différente déjà dans leurs dispositions
naturelles (comme les diverses races du chien qu'il fait,
au dire de Buffon, dériver de la souche commune du
chien de berger) ; par contre la plus grande concor-
dance des fins dans le genre humain n'exigeait pas une
si grande diversité des formes naturelles innées ; les
formes nécessairement innées pouvaient donc être
établies en vue seulement de la conservation de l'espèce
dans quelques rares climats particulièrement différents

les uns des autres. Cependant comme je me suis borné
à défendre le concept de *races*, je n'ai pas besoin de me
porter garant du fondement d'explication des variétés.

Une fois ce désaccord écarté relatif au vocabulaire,
lequel porte souvent dans un différend une responsabilité plus lourde que le désaccord sur des principes, j'espère maintenant rencontrer moins d'obstacles
pour justifier ma méthode d'explication. M. Forster est
d'accord avec moi pour admettre que parmi les différentes formes de l'humanité, il existe au moins *une*
particularité héréditaire, à savoir celle des Nègres et
des autres hommes, dont l'importance est suffisante
pour qu'on ne puisse pas la considérer seulement
comme un jeu de la nature et comme le résultat d'influences fortuites, mais qui exige, pour recevoir une
explication, le postulat de dispositions originellement
inhérentes à la souche et une organisation naturelle
spécifique. C'est déjà entre nos conceptions un point
d'accord important et qui, du point de vue des principes
d'explication, rend un rapprochement possible de part
et d'autre. Au lieu de cela, une représentation vulgaire
et superficielle consiste *à mettre sur un pied d'égalité
toutes les différences du genre humain*, c'est-à-dire sur
le pied d'égalité du hasard, et à les faire en toute
occurrence naître et disparaître selon l'action des circonstances extérieures, et cette représentation considère comme nulle même la persistance de l'espèce sous
une même forme adaptée à une fin. Il ne reste plus
entre nos conceptions que deux points de divergence ;
et encore ne sont-elles pas si éloignées l'une de l'autre
au point de rendre inévitable un désaccord sans
issue : le premier point, c'est que des particularités
estimées héréditaires, à savoir celles qui différencient
les Nègres de tous les autres hommes, seraient les
seules qui mériteraient d'être tenues pour implantées

à l'origine ; or, pour ma part, j'estime au contraire que plusieurs autres particularités (y compris celles des Hindous, des Américains en sus de celles des Blancs) sont tout aussi autorisées à justifier l'établissement d'une classification exhaustive. Le second point, qui d'ailleurs n'a pas trait autant à l'observation (description de la nature) qu'à cette théorie que nous désirerions voir admettre (celle de l'histoire de la nature), est le suivant : M. Forster, pour expliquer ces caractères estime nécessaire de recourir à deux souches originelles ; or, à mon avis (et je les tiens tout comme M. Forster pour des caractères originels), il est possible et par suite plus conforme à la méthode d'explication philosophique, de les considérer comme un développement à l'intérieur d'une souche unique de dispositions primitives innées existantes en vue d'une fin ; et cela non plus n'est pas une divergence suffisante pour que la raison ne puisse également jeter un pont entre les deux opinions, si l'on songe que l'origine physique première des êtres reste inexplicable pour nous deux, et d'une façon générale inexplicable à la raison humaine, aussi bien que l'hérédité métissée dans les phénomènes de reproduction. Étant donné que le système, selon lequel des germes séparés dès le début et isolés en deux espèces de souches, qui viendraient par la suite fusionner intimement dans le mélange des souches primitivement séparées, ne facilite pas le moins du monde à la raison la compréhension de la chose ; non plus que le système selon lequel des germes différents originellement, implantés dans une seule et même souche se développeraient par la suite conformément à une fin pour produire le premier peuplement général ; mais que cette dernière hypothèse présente l'avantage d'économiser diverses créations locales ; — étant donné que, par ailleurs, on ne peut songer à

économiser les principes d'explication téléologique
pour les remplacer par des principes physiques alors
qu'il s'agit d'êtres organisés et du maintien de leur
espèce : que cette dernière méthode d'explication n'impose donc pas aux recherches sur la nature aucune
charge nouvelle en plus de celles dont elle ne saurait
jamais se défaire (à savoir ici la charge de suivre purement et simplement le principe de finalité) ; étant
donné encore que ce sont uniquement les découvertes
réalisées par son ami M. Sömmering, le célèbre
anatomiste et philosophe, qui ont vraiment décidé M.
Forster à juger la différence entre les Nègres et les
autres hommes plus importante que le souhaiteraient
sans doute les gens qui prennent plaisir à estomper et
mêler tous les caractères héréditaires et qui vou-
draient les considérer simplement comme des nuances
imputables au hasard ; étant donné enfin que cet
homme distingué estime qu'une finalité parfaite existe
dans la structure du Nègre par rapport à son pays
natal ², alors que cependant dans la structure osseuse
de la tête, il n'est précisément pas possible de voir une
conformité au sol natal plus claire que dans l'organisation de la peau, ce grand appareil de sécrétion expul-
sant tout ce qui doit être éliminé du sang, et qu'il
semble par suite comprendre *celle-ci* en fonction de
l'ensemble de leur excellente organisation naturelle
(dont la contexture de la peau représente une partie
importante), et qu'il ne considère celle-là que comme
l'indice le plus frappant de l'espèce pour l'anatomiste.
Étant donné toutes ces considérations donc, nous
sommes en droit d'espérer que, une fois la preuve faite
que d'autres particularités se transmettent encore par
hérédité d'une façon constante sans se mêler selon les
nuances du climat, mais nettement dissociées et en
nombre très limité, tout en demeurant en dehors du

domaine de l'anatomie, M. Forster sera disposé à leur
reconnaître un droit légal à posséder des germes particuliers, originels, propres à la souche, conformément
à une fin. Quant à savoir s'il est nécessaire d'admettre
pour cela plusieurs souches ou bien une souche commune unique, espérons que sur ce point nous parvien-
drons finalement à tomber d'accord.

Resterait alors seulement à lever les difficultés qui
empêchent M. Forster d'accepter ma façon de voir, non
pas tant en ce qui concerne son principe que bien plutôt
eu égard aux difficultés que rencontre son application.
Dans la première section de son Mémoire, M. Forster
dresse une gamme des couleurs de peau, en com-
mençant par les habitants de l'Europe du Nord,
en passant par l'Espagne, l'Égypte, l'Arabie, l'Abyssinie, jusqu'à ceux de l'Équateur ; puis de là, le
dégradé inverse, en descendant dans la zone tempérée du Sud, par les territoires des Cafres et des Hottentots, où il découvre — selon lui — une gradation du brun
au noir et vice-versa (ce faisant, il admet, en l'absence
de toute preuve, que des colonies originaires des pays
nègres et émigrées vers la pointe de l'Afrique, peu à
peu, rien que sous l'influence du climat, se sont trans-
formées en Cafres et Hottentots) : et il découvre dans
cette gradation un tel parallélisme avec le climat des
pays considérés qu'il reste stupéfait de ce que cela
ait pu échapper à l'observation. Mais il est permis de
rester davantage stupéfait encore de ce que le caractère suffisamment précis et que l'on peut à bon droit
tenir pour décisif, celui de la génération infailliblement métissée, pivot central du système, ait pu
échapper au regard. Car ni l'Européen issu des zones
les plus nordiques croisé avec des individus de sang
espagnol, ni le Mauritanien ou l'Arabe (et probablement
aussi l'Abyssin qui lui est apparenté) croisés à des

femmes circassiennes, ne relèvent le moins du monde
de cette loi. Il n'y a aucune raison non plus de considérer leur couleur, une fois mis de côté ce que le soleil de
son pays imprime sur la peau de chaque individu,
autrement que le cas des gens bruns dans la lignée des
Blancs. Mais, en ce qui concerne la ressemblance des
Cafres avec les Nègres, et, à un moindre degré, des
Hottentots dans le même continent qui apparemment
soutiendraient l'examen de la génération métissée, il
est hautement vraisemblable qu'il s'agit là seulement de
descendances bâtardes provenant d'une peuplade nègre
en contact avec des peuplades arabes qui, dès les temps
très anciens, ont fréquenté ce littoral. Car pourquoi ne
trouve-t-on pas une prétendue gamme de couleurs
analogue sur les côtes Ouest de l'Afrique, où la nature
accomplit bien plutôt un brusque saut des Arabes bruns
ou des Mauritaniens aux Nègres les plus noirs, sans
être d'abord passée par l'intermédiaire des Cafres ?
En même temps la tentative de preuve amorcée et
admise d'emblée (et elle devait entraîner le rejet de
mon principe), à savoir que l'Abyssin brun-noir par
croisement avec une Cafre ne donnerait pour la couleur
aucune lignée intermédiaire tombe à faux parce que
la couleur des deux serait la même, à savoir le brun-
noir. Car si M. Forster admet que la couleur brune
de l'Abyssin, dans la même teinte foncée qui est
celle des Cafres, lui est innée, de telle sorte que dans
un croisement avec une femme blanche il devrait
nécessairement donner une teinte intermédiaire, l'épreuve réussirait sans doute dans le sens où le veut
M. Forster, mais il n'aurait rien prouvé contre moi,
parce que la différence des deux races ne se juge pas à
ce qu'elles ont en commun, mais d'après ce qui les différencie. On pourrait simplement dire qu'il y a aussi
des races d'un brun-sombre, qui se distinguent du

Nègre ou de sa descendance par d'autres caractères
(par exemple, le squelette) ; car, c'est par rapport à ces
caractères seulement que la génération donnerait un
métis, et ma liste des couleurs augmenterait seulement d'une unité. Mais si la couleur foncée dont fait
montre l'Abyssin qui a grandi dans son pays natal n'est
pas héréditaire, et si elle est seulement comme celle
d'un Espagnol qui aurait été dès l'enfance élevé
dans ce même pays, cette couleur naturelle sans aucun
doute donnera par croisement avec celle des Cafres une
lignée intermédiaire ; et néanmoins celle-ci, parce
que le bronzage occidental dû au soleil vient s'y surajou-
ter, serait masquée et semblerait être une lignée identique (pour la couleur). Donc cet essai de réfutation ne
prouve rien contre la possibilité de différencier les
races par la couleur héréditaire de la peau, mais il
prouve seulement la difficulté à pouvoir exactement
déterminer cette couleur, dans la mesure où elle est
innée, en des lieux où le soleil la recouvre par surcroît
d'un bronzage accidentel. Ce qui prouve la légitimité
de ma revendication : celle qui consiste à préférer
comme explication à cet effet celle qui s'appuie sur des
descendances provenant de mêmes parents, *mais sous
un climat étranger*.

De ces descendances nous avons un spécimen
décisif : la couleur de la peau hindoue chez un petit
peuple qui se perpétue depuis nombre de siècles dans
nos pays nordiques : il s'agit des Tziganes. Qu'ils soient
un peuple hindou, leur langue le prouve indépendamment de leur couleur de peau. Or la nature est restée si
obstinée à la leur conserver que, s'il est vrai qu'on peut
retrouver leur présence en Europe jusqu'à douze
générations en arrière, leur peau a gardé si parfaitement ce même aspect, que s'ils grandissaient aux Indes,
on ne trouverait entre eux et les indigènes de là-bas

selon toute présomption absolument pas la moindre différence. Venir dire alors qu'on doive attendre encore douze générations pour que l'air nordique ait complètement décoloré leur teint héréditaire, ce serait amuser le chercheur par des arguments dilatoires et s'en tirer par des faux-fuyants. Mais faire passer leur teint pour une simple variété comparable à celle d'un Espagnol brun en regard d'un Danois, ce serait douter de l'empreinte mise par la nature. Car les Tziganes donnent infailliblement avec nos indigènes de vieille souche des enfants métissés, loi à laquelle la race des Blancs n'est pas soumise, lorsqu'il s'agit de l'une quelconque de ses variétés caractéristiques.

Mais, plus loin, se présente l'objection la plus importante : si celle-ci était fondée, la démonstration serait faite que, même en m'accordant des dispositions originelles, la conformité des hommes à leur pays natal ne peut plus subsister, étant donné leur dissémination à la surface de la terre. On pourrait, dit M. Forster, en tout cas soutenir encore que justement de tels hommes *dont la disposition convient pour tel ou tel climat,* seraient nés ici ou là selon un sage décret de la Providence ; mais comment, continue-t-il, cette Providence est-elle devenue assez myope pour ne pas songer à une transplantation où ce germe, qui ne valait que pour un climat, n'aurait plus de raison d'être ? — Pour ce qui est du premier point, on voudra bien se rappeler que j'avais admis ces premières dispositions non pas *comme réparties entre des hommes divers* — car sans cela il y aurait eu autant de souches diverses — mais comme réunies dans le premier couple humain ; et ainsi les descendants de ce premier couple, chez qui toutes les dispositions originelles en vue de toutes les variétés futures étaient encore indistinctes, convenaient à tous les climats *(in potentia) ;* de telle manière

que le germe susceptible de les adapter au climat sous
lequel eux-mêmes ou leurs proches descendants se
situeraient éventuellement un jour, pourrait s'y développer. Donc il n'y avait pas besoin d'un sage décret
particulier, pour les porter en des lieux auxquels convenaient leurs dispositions ; mais, à l'endroit où le
hasard les conduisait, là où ils poursuivaient pendant un
grand laps de temps leur génération, se développait le
germe qui dans leur organisation correspondait à
cette région de la terre, et il les rendait aptes à un tel
climat. Le développement des dispositions s'est effec-
tué alors en fonction de l'habitat, et ce ne sont pas —
M. Forster a tort de le croire — les habitats qui,
d'aventure, devaient être recherchés en fonction des
dispositions déjà développées. Bien entendu tout ceci
se comprend seulement pour une époque très reculée,
laquelle doit avoir duré suffisamment (en vue d'assurer un peuplement graduel) pour procurer en premier
lieu à un peuple pourvu d'une résidence sédentaire les
influences du climat et du sol nécessaires au développement des dispositions appropriées. Voyons maintenant en quels termes il continue : « Comment ce
même entendement qui avait dans ce cas supputé avec
une telle exactitude la rencontre indispensable de tels
pays avec de tels germes (ils devaient nécessairement,
d'après ce qu'on vient de dire, toujours se rencontrer,
même si l'on prétend que ce n'est pas un entendement,
mais la même nature, si prévoyante dans l'organisation interne des animaux de façon universelle en vue de
leur fin, qui prit également un soin si minutieux de leur
conservation), comment ce même entendement, donc,
est-il d'un seul coup devenu si myope pour n'avoir pas
prévu le cas d'une *seconde transplantation ?* Car du
même coup, la particularité innée valable pour un seul
climat perd toute raison d'être, etc... »

En ce qui concerne ce deuxième aspect de l'objection, je concède que cet entendement, ou si l'on préfère, cette nature agissant d'elle-même selon des fins à partir des germes déjà développés n'a, en fait, nullement eu égard à la transplantation, sans pour cela devoir être taxée d'insouciance et de myopie. Elle a bien plutôt, en ménageant la conformité au climat, empêché les migrations, particulièrement le passage du climat froid au chaud. Car c'est précisément l'adaptation difficile à un nouveau climat du naturel déjà invétéré des habitants de l'ancien qui les retient d'en changer. Où donc les Indiens ou les Nègres ont-ils essayé de s'étendre dans des contrées nordiques ? Or, ceux qui y ont été chassés n'ont dans leur descendance (tels les créoles nègres ou hindous sous le nom de Tziganes) jamais voulu procréer une lignée apte à donner des agriculteurs sédentaires ou des travailleurs manuels [4].

Mais précisément ce que M. Forster considère comme une difficulté insurmontable à l'encontre de mon principe projette sur elle, dans un certain sens, la lumière la plus favorable et résout les problèmes mieux qu'aucune autre théorie. Admettons qu'il a fallu des générations, depuis les premiers temps de l'espèce humaine, pour effectuer le développement graduel d'une complète adaptation à un climat des dispositions innées, et que sur ces entrefaites, la dissémination des hommes rendue fatale le plus souvent à la suite de violentes révolutions naturelles a pu se produire sur la majeure partie du globe au prix d'un maigre accroissement de l'espèce. Si donc, sous l'action de ces causes une petite peuplade de l'Ancien Monde a été chassée des contrées du Sud dans celles du Nord, l'adaptation aux premières contrées qui n'était peut-être pas encore achevée, a dû peu à peu s'arrêter pour faire place à un développement contraire des dis-

positions, en fonction cette fois du climat nordique.
Supposez maintenant que ce peuple se soit déplacé de
plus en plus vers le Nord-Est jusqu'en Amérique —
opinion qui, avouons-le, présente une extrême vraisemblance — avant que sur ce continent il ait pu se propager
à nouveau sensiblement vers le Sud, ses dispositions
naturelles se seraient déjà développées autant qu'il
était possible ; et ce développement au stade de son
achèvement aurait dû rendre impossible toute adaptation ultérieure à un nouveau climat. Ainsi se serait
créée une race qui, lors de ses migrations vers le
Sud, aurait été toujours indifférente à tous climats,
autant dire adaptée totalement à aucun, puisque
l'assimilation au climat du Sud avait été interrompue
à mi-chemin avant son achèvement, puis transformée
au profit de l'adaptation à un climat nordique ; ainsi se
serait formé pour cette population un caractère
durable. En fait, Don Ulloa (témoin particulièrement
sérieux, qui connaissait les habitants d'Amérique sous
les deux hémisphères), affirme avoir trouvé la constitution caractéristique de ces habitants dans sa
généralité très identique. (En ce qui concerne leur
couleur, un récent navigateur dont je ne puis fournir le
nom avec certitude la présente comme « *couleur de
rouille mêlée d'huile* »). Mais que leur naturel ne soit
pas parvenu à une totale adaptation à un climat quelconque, c'est ce qu'on peut conclure encore du fait qu'il
serait difficile de fournir une autre raison expliquant
pourquoi cette race, trop faible pour effectuer de rudes
travaux, trop indolente pour soutenir un travail assidu,
et inapte à toute culture (ils auraient pourtant à proximité assez d'exemples qui les y encourageraient) se
trouve encore loin en-dessous des Nègres, qui pourtant
occupent le dernier échelon parmi les différentes
races que nous avons nommées.

Qu'on examine maintenant toutes les autres hypothèses suggérées pour l'explication de ce phénomène ! Si on ne veut pas à la création particulière déjà proposée par M. Forster, celle du Nègre, en ajouter une deuxième : celle de l'Américain, il ne reste aucune réponse possible sinon que l'Amérique est *trop froide ou trop nouvelle* pour produire jamais la variété des Nègres ou des Indiens jaunes, ou bien pour l'avoir produite dans le temps si court où elle a été peuplée. La *première* affirmation qui a trait au climat chaud de ce continent a d'ores et déjà été suffisamment réfutée, et, quant à la seconde, celle qui prétend qu'il suffirait de patienter quelques siècles encore et que des Nègres (du moins quant à la couleur héréditaire de la peau) apparaîtraient ici à leur tour sous l'influence progressive du soleil, il faudrait d'abord avoir la certitude que le soleil et l'air puissent produire de telles inoculations ; et cela rien que pour répondre aux objections, si l'on invoque un résultat purement présumé, que l'on reporte indéfiniment à une échéance toujours plus lointaine. A plus forte raison, comment pourrait-on opposer une hypothèse toute gratuite — puisque ce phénomène même reste très contestable — à la réalité des faits ?

Voici une confirmation importante relative à la dérivation des différences, invariablement héréditaires, témoignant qu'elles proviennent du développement de dispositions naturelles rassemblées originellement et en vue d'une fin dans une souche humaine en vue de la conservation de l'espèce : c'est que les races qui en sont issues se sont répandues non pas *sporadiquement* (c'est-à-dire sur tous les continents, à la faveur d'un même et unique climat, et de la même manière), mais *cycladiquement* en groupes cohérents qui se sont trouvés répartis entre les frontières d'un pays où chacun d'eux a pu prendre forme. C'est ainsi que la dérivation des *Jaunes, à l'état pur,* est circonscrite par les frontières de l'*Hindoustan,* et que l'*Arabie,* qui n'en est guère éloignée et qui pour une grosse part dispose du même climat, n'en contient pas ; mais ni l'un, ni l'autre de ces pays ne renferment de Nègres ; on ne peut trouver ces derniers qu'en Afrique, entre le Sénégal et le Cap Nègre (et de même à l'intérieur de ce continent) tandis que l'Amérique entière ne peut présenter aucun de ces types ni même aucun caractère racial de l'Ancien Continent (à l'exception des Esquimaux, qui à en juger par divers caractères tirés tant de leur stature que de leurs aptitudes, semblent être des descendants attardés d'une race en provenance de l'Ancien Continent). Chacune de ces races est pour ainsi dire isolée, et, comme sous un même climat elles se distinguent encore les unes des autres, notamment par un caractère inséparablement lié au pouvoir procréateur de chacune d'elles, elles rendent très invraisemblable l'opinion selon laquelle leur origine serait due à l'action du climat ; par contre, elles confirment l'hypothèse d'une parenté procréatrice universelle par suite de l'unité de souche originelle en même temps que cette autre hypothèse : à savoir que *la cause* de la différence qui fonde la classification repose en elles-mêmes et non simplement dans le climat. Et cette cause a dû demander un long laps de temps pour produire son effet en accord avec le lieu de propagation ; puis une fois cet effet réalisé, elle ne permet plus la possibilité de nouvelles variétés par des mélanges : il ne faut donc pas y voir autre chose qu'une disposition naturelle se développant peu à peu selon des fins, inhérente à la souche, et limitée à un nombre déterminé, en fonction des différences essentielles des conditions atmosphériques. Contre cette argumentation semble s'inscrire la race des Papous, dispersée dans les îles de l'Asie méridionale ainsi que dans les îles qui font partie à l'Est de l'Océan Pacifique, race que j'ai avec le Capitaine Forster appelée Cafres (vraisemblablement parce qu'il avait un motif — étant donné d'une part les cheveux et la barbe qu'ils peuvent, à l'opposé des Nègres, démêler au peigne en leur donnant un ample volume — de ne pas les appeler Nègres). Mais, parallèlement à cela, l'étrange dispersion que l'on rencontre encore chez d'autres races, tels les Haraforas et certains humains plus proches de la souche indienne, vient contrebalancer l'argument parce qu'elle affaiblit aussi la preuve tirée de l'effet du climat sur les qualités héréditaires, puisque celles-ci sous un seul et même climat se présentent de façon si dissemblable. Par suite, on admet comme vraisemblable qu'il y a lieu de les tenir non point pour des aborigènes, mais pour des étrangers chassés de leur résidence, on ne sait pourquoi (peut-être à la suite d'une violente révolution terrestre qui a dû s'effectuer d'Ouest en Est — ces étrangers étant peut-être des Papous de Madagascar). Qu'on pense ce qu'on voudra des habitants de l'Ile Frévill à propos desquels j'ai de mémoire (peut-être de façon inexacte) indiqué les renseignements fournis par Carteret : il faudra chercher les preuves du développement des différences raciales au siège présumé de leur souche sur le continent, et non sur les îles qui, selon toute vraisemblance, ont été peuplées bien après que la Nature eut produit son plein effet.

Tout ceci pour justifier ma conception de la dérivation de la diversité des créatures organiques faisant partie d'un seul et même genre naturel *(species naturalis)* — dans la mesure où ces créatures sont liées entre elles par leur pouvoir procréateur et peuvent être issues d'une souche unique [5], par distinction d'avec

le genre *scolastique (species artificialis),* — dans la
mesure où ces créatures se rangent sous un caractère
commun de simple comparaison, le premier genre
appartenant à l'histoire de la nature, le second à la description de la nature. Et, à présent, encore une
remarque sur le système personnel de M. Forster sur
l'origine de cette souche. Nous sommes tous deux
d'accord sur un point : que dans une science de la
nature tout doit être expliqué *naturellement,* faute de
quoi on sortirait de cette science. Je me suis si scrupuleusement conformé à ce principe qu'un esprit péné-
trant lui aussi (il s'agit de M. Buschning dans le
Compte rendu qu'il publia de mon traité sus-mention-
né), à cause des expressions: desseins, sagesse, prévoyance, etc... de la nature, me traite de *naturaliste,* en
y joignant toutefois la mention : « d'un genre particulier », parce que, dans les discussions qui abordent
purement et simplement les connaissances de la nature,
et aussi loin qu'elles s'étendent (là où il est tout à fait
loisible de s'exprimer *téléologiquement*), je ne trouve
pas prudent d'employer un langage *théologique :* ceci à
seule fin de délimiter très scrupuleusement pour
chaque mode de connaissance ses frontières.

Mais ce même principe, que tout dans la science de la
nature doit être expliqué naturellement, délimite en
même temps ses frontières. Car on est parvenu à sa
frontière extrême toutes les fois que l'on recourt au
dernier de tous les principes qui puisse encore être
garanti par l'expérience. A partir du moment où ces
principes manquent et où l'on doit commencer à imaginer de toutes pièces des forces de la matière, obéissant
à des lois inconnues qui ne sont susceptibles d'aucune
preuve, on est déjà sorti de la science de la nature, bien
qu'on continue à donner le nom de causes à des phénomènes encore naturels, mais en prêtant à ceux-ci des

forces dont l'existence ne peut être prouvée par rien et même dont la possibilité n'est que difficilement compatible avec la raison. Puisque le concept d'être organisé implique déjà l'existence d'une matière au sein de laquelle tout entretient des rapports réciproques de fin à moyen et que ceci même ne peut être pensé que comme un *système de causes finales,* c'est dire que ce système pour être possible laisse place uniquement à la méthode d'explication téléologique et nullement physico-mécanique, du moins à l'échelle de la *raison humaine;* on ne peut alors demander à la physique l'origine première de toute organisation. La réponse à cette question, à supposer d'abord qu'elle nous fût accessible, devrait manifestement être cherchée *hors* des sciences de la nature, dans la métaphysique. Pour ma part, je fais dériver toute organisation des *êtres organiques* (par génération) et je fais procéder leurs formes ultérieures (choses naturelles de cette sorte), des dispositions originaires (comme on en rencontre fréquemment dans les transplantations des végétaux), qui obéissent à des lois de développement insensible et qu'on pouvait déceler dans l'organisation de leur souche. Pour ce qui est de rechercher comment cette souche elle-même a vu le jour, c'est là une tâche qui échappe totalement au domaine de toute physique accessible à l'homme, domaine à l'intérieur duquel je croyais pourtant devoir me tenir.

Aussi je ne crains pour le système de M. Forster rien de la part d'un tribunal d'Inquisition (car il s'arrogerait ici sans doute un droit de juridiction qui n'est point de son ressort) ; et donc j'opine, le cas échéant, pour un jury philosophique constitué uniquement de naturalistes, et j'ai bien peu l'impression pourtant que la sentence tomberait en sa faveur. « La terre en gésine, qui fit surgir spontanément les animaux

et les plantes de son tendre sein maternel fécondé
par le limon des mers, puis les générations locales
de genres organiques qui suivirent, à l'époque où
l'Afrique donna le jour à ses humains (les Nègres),
l'Asie aux siens (tous les autres), la parenté qui en
résulta entre tous les êtres et dont la chaîne dans une
dégradation insensible va de l'homme à la baleine
(p. 77) et ainsi de suite en descendant (probablement
jusqu'aux mousses et aux lichens), non seulement dans
le système de comparaison mais dans celui de génération à partir d'une souche commune [6]... » il n'y aurait
pas sans doute de quoi faire reculer d'effroi le naturaliste devant un pareil spectacle comme devant un
monstre; (car il s'agit d'un jeu auquel plus d'un
s'est complu mais pour y renoncer vite parce qu'on n'en
pouvait rien tirer); mais il serait cependant effa-
rouché en s'apercevant qu'il a insensiblement perdu
pied avec le sol fécond de l'étude de la nature pour
s'égarer dans le désert de la métaphysique. Par surcroît, je connais une autre crainte — il n'y a en elle rien
d'efféminé — : je recule d'effroi devant tout ce qui
relâche la raison de ses principes fondamentaux et lui
donne latitude de divaguer parmi des fantasmagories
démesurées. Peut-être M. Forster n'a-t-il eu en vue
que de faire plaisir à un *Hypermétaphysicien* (car il y
a encore de ces individus qui ignorent tout des notions
élémentaires, qui affectent de les dédaigner, et qui
pourtant se lancent héroïquement dans la voie des con-
quêtes) et peut-être a-t-il voulu donner matière à
l'imagination de sa victime pour s'en gausser ensuite.

La vraie métaphysique connaît les limites de la
raison humaine et, entre autres, ce vice héréditaire
qu'elle ne peut jamais désavouer : qu'elle ne peut et ne
doit absolument pas concevoir *a priori* des *forces fonda-*
*mentales* (elle n'inventerait en ce cas que des concepts

rigoureusement vides) ; elle ne peut rien faire de plus
que réduire au plus petit nombre celles que lui
enseigne l'expérience (dans la mesure où elles sont, en
apparence seulement, diverses, tout en étant identiques
pour le fond), rechercher dans le monde la force fondamentale requise, quand il s'agit de physique et, à la
rigueur hors du monde, lorsqu'il est question de métaphysique (c'est-à-dire quand il s'agit d'indiquer celle qui
ne tombe pas sous une autre dépendance). Mais, d'une
force fondamentale (puisque nous ne la connaissons pas
autrement que par la relation entre une cause et un effet),
nous ne pouvons donner aucun autre concept ni trouver
aucune autre appellation que celle tirée de l'effet
et qui précisément se borne à exprimer cette relation [7]. Or le concept d'un être organisé est celui-ci :
c'est un être matériel qui n'est possible que par le rapport réciproque de tous les éléments qu'il renferme
comme fin et moyen (de même que chaque anatomiste
en tant que physiologue part réellement aussi de ce
concept). Une force fondamentale susceptible de réaliser une organisation doit donc être conçue comme une
cause finale et de manière que la fin doive nécessairement être posée comme fondement de la possibilité de
l'effet. Mais nous ne connaissons ce genre de forces,
*étant donné leur principe de détermination,* par
expérience qu'en nous-mêmes, à savoir en notre
entendement et notre volonté, comme cause de la possibilité de certains produits organisés pleinement selon
des fins, c'est-à-dire d'œuvres d'art. Entendement et
volonté sont chez nous des forces fondamentales, dont
la dernière, en tant qu'elle est déterminée par la première, est un pouvoir de produire quelque chose *conformément à une idée* appelée fin. Mais, indépendamment de toute expérience, nous ne devons pas imaginer
de nouvelle force fondamentale, du type dont serait

celle qui agirait en un être conformément à une fin,
sans avoir cependant son principe de détermination
dans une idée. Donc le concept du pouvoir d'un être
d'agir de lui-même *conformément à une fin*, mais sans
fin ni dessein qui reposeraient en lui ou dans sa cause —
comme une force primitive particulière dont l'expérience ne donne pas d'exemple — est fantaisie pure de
l'imagination, c'est-à-dire sans la moindre garantie qu'il
lui puisse correspondre un quelconque objet. Qu'on
trouve donc la cause des êtres organisés dans le monde
ou hors du monde, il nous faut ou bien renoncer à toute
détermination de leur cause ou bien concevoir pour
cela un être *intelligent ;* non point parce que nous con-
cevrions (comme le faisait feu M. Mendelssohn et
d'autres avec lui) un tel effet comme impossible à partir
d'une autre cause ; mais parce que nous serions
obligés, pour poser le fondement d'une autre cause à
l'exclusion des causes finales, d'inventer une force
fondamentale, ce à quoi la raison n'a absolument aucun
droit parce qu'il lui deviendrait alors trop facile d'expliquer tout ce qu'elle veut et comme elle le veut.

Et maintenant, dressons un bilan. Des *fins*, cela
suppose un rapport précis avec la *raison*, que ce soit
une raison étrangère ou la nôtre propre. Mais pour les
fonder sur une raison étrangère, il nous faut poser en
principe que la nôtre en ce qu'elle a de personnel est au
moins analogue à elle ; sans cela, impossible de se les
représenter. Or les fins sont soit des fins de la nature,
soit des fins de la liberté. Qu'il doive y avoir nécessairement des fins dans la nature, personne ne peut s'en
rendre compte *a priori ;* par contre, on peut fort bien
reconnaître *a priori* qu'il doit y avoir nécessairement
une liaison entre les causes et les effets. Par suite
l'usage du principe téléologique en ce qui regarde la

nature est toujours empiriquement conditionné. Il en irait exactement de même avec les fins de la liberté, si les objets du vouloir devaient être préalablement donnés à cette dernière par la nature (sous forme de besoins et d'inclinations) comme principes de détermination, pour fixer par la raison uniquement en les comparant entre eux et avec leur total ce que nous posons comme fin. Mais la *Critique de la raison pratique* montre qu'il existe des principes pratiques purs par lesquels la raison pratique est déterminée *a priori* et qui par conséquent lui donnent *a priori* sa fin. Si donc l'usage du principe téléologique en vue d'expliquer les choses de la nature, parce qu'il est limité à des conditions empiriques, ne peut jamais fournir d'une façon complète et suffisamment déterminée pour toutes les fins le fondement d'une relation selon la finalité, il nous faut par contre attendre ce résultat d'une téléologie pure (qui ne peut être autre que celle de la liberté), dont le principe *a priori* contient le rapport entre une raison en général et le système de toutes les fins et ne peut être que pratique. Mais, comme une pure téléologie pratique, c'est-à-dire une morale, est destinée à réaliser ses fins dans l'univers, elle ne pourra négliger la *possibilité* de ces fins en cet univers, aussi bien en ce qui concerne les causes finales qui y sont données, qu'en ce qui concerne la conformité entre la *cause suprême de l'univers* et l'ensemble de toutes les fins conçu comme son effet ; elle ne devra donc pas plus négliger la *téléologie* naturelle que la possibilité d'une nature en général, c'est-à-dire la philosophie transcendentale — pour assurer à la téléologie pure pratique une réalité objective, en vue de la possibilité de l'objet à réaliser, c'est-à-dire la possibilité de la fin qu'elle prescrit de réaliser dans l'univers.

A ce double point de vue, l'auteur des *Lettres sur la*

*Philosophie kantienne* a magistralement prouvé son talent, sa pénétration, ainsi qu'une forme de pensée digne de tous les éloges et capable d'orienter utilement cette philosophie vers des fins universellement nécessaires. Et au risque d'abuser de la bonté témoignée par l'excellent éditeur de la présente Revue trop encline à la modestie, je n'ai cependant pu me dispenser de recourir à sa permission pour le prier de faire insérer dans sa Revue la reconnaissance que je nourris à l'égard de l'auteur anonyme de ces *Lettres* resté inconnu de moi jusqu'à ces derniers temps, pour le service rendu à la cause commune d'une raison à la fois spéculative et pratique guidée par de solides principes, dans la mesure où j'ai tenté d'y contribuer. L'art de présenter sous un jour lumineux, voire agréable, des doctrines sèchement abstraites sans porter préjudice à leur solidité de pensée est chose si rare (encore plus à notre époque) et en même temps si utile — je ne veux pas dire recommandable seulement en soi, mais utile même pour rendre claires les idées, pour les rendre intelligibles et par suite pour convaincre du même coup — que je me sens tenu de présenter publiquement mes remerciements à l'homme qui a apporté un tel complément à mes travaux, en leur donnant ces éclaircissements que je ne pouvais leur procurer.

A cette occasion, je ne veux ajouter que quelques mots touchant le reproche de soi-disant contradictions relevées dans une œuvre d'une certaine ampleur, avant qu'on l'ait bien saisie dans son ensemble. Elles s'évanouissent toutes d'elles-mêmes si on les considère dans leur rapport avec le reste. Dans la *Leipziger Gelehrte Zeitung* (no. 94 de 1787) on peut voir une contradiction entre ce qui se trouve dans la *Critique*, édition de 1787, introduction page 3, ligne 7 et ce qui se trouve peu après, page 5, lignes 1 et 2. Car dans le premier passage, j'avais dit : « Parmi les connaissances *a priori*, sont appelées *pures* celles auxquelles n'est mêlé rien du tout d'empirique. » Puis, comme exemple du contraire, j'avais cité la proposition : « tout ce qui change a une cause ». Par contre, à la p. 5, je cite juste cette même proposition comme exemple de connaissance pure *a priori*, c'est-à-dire d'une connaissance telle qu'elle ne dépend de rien d'empirique : deux sens différents du mot *pur*, alors que dans tout l'ouvrage je ne m'occupe que du dernier sens. Sans doute j'aurais pu prévenir le malentendu en donnant comme exemple du premier genre de propositions : tout ce qui arrive a une cause. Car dans ce cas, rien d'empirique ne s'y mêle. Mais qui peut prévoir tous les prétextes à malentendus ? C'est exactement ce qui m'est arrivé avec une note ajoutée à ma Préface des *Premiers fondements métaphysiques de la Science et de la Nature* : je posais ici la déduction des catégories comme importante sans doute, mais non pour absolument nécessaire ; alors que pourtant j'apportais tous mes soins à affirmer cette nécessité dans la *Critique*. Mais on voit aisément que, dans le premier cas, elles ont été considérées uniquement dans un dessein *négatif*, à savoir pour prouver que par leur seul moyen (sans intuition sensible) aucune *connaissance* des choses ne peut être établie ; cela est clair en effet déjà, quand bien même on n'aurait sous la main que l'*Exposé* des Catégories (comme simples fonctions logiques appliquées aux objets en général). Mais pourtant, parce que nous les employons en les faisant intervenir réellement dans la connaissance des objets (de l'expérience), il fallait démontrer encore spécialement la possibilité d'une validité objective de tels concepts *a priori* par rapport au domaine empirique, pour qu'ils ne soient pas considérés ou comme étant sans signification ou comme *issus* de l'expérience ; c'était là l'intention *positive*, en vue de laquelle évidemment la *Déduction* est invinciblement nécessaire.

J'apprends juste ces jours-ci que l'auteur des Lettres citées ci-dessus, M. le Conseiller Reinhold, est depuis peu professeur de Philosophie à Iéna, accroissement qui ne peut entraîner que d'heureuses conséquences pour cette célèbre Université.

# LE CONFLIT DES FACULTÉS

## CONFLIT DE LA FACULTÉ DE PHILOSOPHIE AVEC LA FACULTÉ DE DROIT

### Reprise de la question :
### Le genre humain est-il en progrès constant?

#### I. QUE CHERCHE-T-ON A SAVOIR PAR LÀ?

On voudrait un fragment de l'histoire humaine et, à vrai dire, tiré de l'avenir, non du passé, c'est-à-dire une histoire *qui prédise :* si on ne l'appuie pas sur des lois naturelles connues (telles que éclipses de soleil ou de lune) on la qualifie d'histoire capable de lire l'avenir, bien que naturelle ; mais si on ne peut l'obtenir que par une communication et une extension surnaturelles de la perspective sur l'avenir, elle s'appelle histoire *divinatrice* (prophétique) [1]. D'ailleurs il n'est pas non plus question de l'histoire naturelle de l'homme (savoir si dans l'avenir surgiront de nouvelles races humaines), mais de *l'histoire morale*, et plus précisément non pas en suivant le *concept de genre (singulorum),* mais selon la *totalité* des hommes unis en société sur terre et répartis en divers peuples (*universorum*), lorsqu'on pose la question de savoir si l'*espèce* humaine (en général) progresse de façon constante.

### II. COMMENT PEUT-ON LE SAVOIR?

Sous forme de récit historique capable de prédire ce que nous réserve l'avenir, c'est-à-dire en tant que représentation possible *a priori* des événements qui doivent arriver. Mais comment une histoire *a priori* est-elle possible ? — Réponse : si le devin *fait* et organise lui-même les événements qu'il annonce à l'avance.

Des prophètes juifs avaient beau jeu pour prédire que, tôt ou tard, non seulement la décadence, mais même une ruine complète, menaçaient leur État car ils étaient eux-mêmes les auteurs de ce destin. — Comme conducteurs du peuple, ils avaient alourdi leur constitution de tant de charges ecclésiastiques et de charges civiles issues des premières, que leur État devint tout à fait incapable de garder une existence cohérente pour son compte, surtout au milieu des peuples voisins ; et, des jérémiades de leurs prêtres, il ne devait sortir naturellement que du vent parce que ceux-ci, dans leur entêtement, restaient sur leur idée d'une constitution insoutenable qu'ils avaient établie eux-mêmes ; ainsi donc, ils pouvaient bien prévoir d'eux-mêmes l'issue à coup sûr.

Nos politiciens en font autant dans la sphère de leur influence, et sont tout aussi heureux dans leurs prédictions. — Il faut, disent-ils, prendre les hommes tels qu'ils sont, et non comme des pédants ignorant le monde ou de braves visionnaires rêvent qu'ils doivent être. Au lieu de : *comme ils sont*, il faudrait plutôt dire : *ce que nous en avons fait* par une injuste contrainte, par des intrigues perfides suggérées au gouvernement, c'est-à-dire des entêtés et des révoltés ; et alors, évidemment, lorsque le Gouvernement lâche un peu la bride, de tristes conséquences se produisent qui rendent véridiques les prophéties de ces hommes d'État prétendus sagaces.

Des ecclésiastiques aussi prédisent à l'occasion la complète décadence de la religion et la prochaine apparition de l'Antéchrist ; et ce faisant, ils préparent exactement ce qui est nécessaire pour l'introduire : car ils ne songent pas à recommander chaudement à leur Église des principes moraux qui mènent directement au mieux, mais instituent en guise de devoir essentiel des observances et la foi historique, qui doivent y conduire indirectement ; de cette manière peut naître sans doute l'unanimité mécanique d'une constitution civile, mais non celle des dispositions morales ; mais ensuite ils vont se plaindre de l'irréligion qu'ils ont eux-mêmes créée et qu'ils ont donc pu prédire même sans don spécial de prophétie.

### III. CLASSIFICATION DU CONCEPT DE CE QU'ON VEUT SAVOIR D'AVANCE POUR L'AVENIR

Les cas qui peuvent renfermer une prédiction sont au nombre de trois : 1. ou bien le genre humain se trouve en perpétuelle *régression* ; 2. ou bien il est en constance *progression* par rapport à sa destination morale ; 3. ou bien il demeure en *stagnation* et reste éternellement au degré actuel de sa valeur morale parmi les divers membres de la création (stagnation qui se confond avec l'éternelle rotation circulaire autour d'un même point).

On peut appeler la *première* assertion *terrorisme* moral, et *eudémonisme* la seconde (qui, à considérer le but du progrès sous une vaste perspective, serait appelée aussi *chiliasme*) ; mais la troisème s'appelle-rait *abdéritisme*, parce que, comme un véritable point d'arrêt n'est pas possible dans le domaine moral,

une marche ascendante perpétuellement changeante et
des rechutes aussi nombreuses et profondes (en quelque
sorte une éternelle oscillation), n'est pas une solution
meilleure que si le sujet était demeuré à la même
place et en repos.

### a. *De la conception terroriste de l'histoire de l'Humanité*

Retomber dans le pire ne peut constamment durer
pour l'espèce humaine : car descendue à un certain
degré, elle s'anéantirait elle-même. C'est pourquoi,
quand se développe un amoncellement de grands forfaits et de maux à leur mesure, l'on dit : à présent,
cela ne peut plus empirer ; nous voici parvenus au dernier jour ; le pieux visionnaire rêve déjà du retour de
toutes choses et d'un monde renouvelé lorsque l'univers
actuel aura péri par le feu.

### b. *De la conception eudémoniste de l'histoire de l'Humanité*

On peut toujours admettre que la masse de bien et de
mal, inhérente à notre nature, reste en son fond constamment la même et ne peut être ni augmentée ni
diminuée chez un même individu ; et comment donc
cette quantité de bien pourrait-elle augmenter en son
fond, puisque cela devrait se produire par la liberté du
sujet, et que, dans ce cas, celui-ci aurait à son tour besoin d'un capital de bien plus grand que celui qu'il
possède déjà ? — Les effets ne peuvent dépasser le pouvoir de la cause agissante ; par conséquent la quantité
de bien mêlé dans l'homme au mal ne saurait aller au
delà d'une certaine mesure de ce bien, au-dessus de
laquelle il pourrait s'élever par son effort et ainsi progresser toujours. L'eudémonisme, avec ses espérances
imaginaires, paraît donc insoutenable et semble laisser

peu d'espoir en faveur d'une histoire prophétique de l'Humanité, au point de vue d'un progrès incessant dans la voie du Bien.

### c. De l'hypothèse de l'abdéritisme du genre humain pour la prédétermination de son histoire

Cette opinion pourrait bien grouper sur elle la majorité des voix. La niaiserie affairée est le caractère de notre espèce. On se hâte d'entrer dans la voie du Bien ; mais ce n'est pas pour s'y tenir ; c'est de peur de s'attacher à une seule fin, ne serait-ce que pour varier les plaisirs ; on renverse le plan du progrès, on bâtit pour pouvoir démolir, et on s'impose à soi-même l'effort désespéré de rouler au sommet le rocher de Sisyphe pour le laisser de nouveau retomber. Le principe du Mal dans les dispositions naturelles du genre humain ne paraît donc pas précisément dans cette thèse amalgamé (fondu) avec celui du Bien, mais ces deux principes semblent bien plutôt se neutraliser l'un par l'autre ; le résultat en serait l'inertie (appelée ici stagnation) : une activité vaine pour faire alterner le Bien et le Mal par le progrès et le recul, en sorte que tout le jeu du commerce réciproque de notre espèce sur le globe devrait être considéré comme un simple jeu de marionnettes ; ce qui, aux yeux de la raison, ne peut lui conférer une valeur plus grande qu'aux autres espèces d'animaux qui pratiquent cet amusement à moins de frais et sans dépense d'intelligence.

### IV. ON NE PEUT IMMÉDIATEMENT RÉSOUDRE LE PROBLÈME DU PROGRÈS PAR L'EXPÉRIENCE

Même si on arrivait à constater que le genre humain, considéré dans son ensemble, a marché en avant et qu'il a été en progressant pendant un certain laps de temps aussi long que l'on voudra, personne ne peut toutefois garantir que maintenant, juste en ce moment, par suite de dispositions physiques de notre espèce, n'apparaisse pas l'époque de la régression, et inversement, si l'on recule, et que, dans une chute accélérée, on aille vers le pire, on ne doit pas désespérer de trouver le point de conversion (*punctum flexus contrarii*), à partir duquel grâce aux dispositions morales de notre espèce la marche de celle-ci se tourne de nouveau vers le mieux. Car nous avons affaire à des êtres qui agissent librement, auxquels à vrai dire on peut dicter à l'avance ce qu'ils *doivent* faire, mais auxquels on ne peut *prédire* ce qu'ils feront, et qui, dans le sentiment des maux qu'ils se sont infligés à eux-mêmes, si la situation devient vraiment mauvaise, savent trouver un motif renforcé pour l'amélioration encore au delà de ce qu'elle était avant cet état. — Mais, « Pauvres mortels (dit l'abbé Coyer), parmi vous, rien n'est constant si ce n'est l'inconstance ».

Peut-être aussi que, si le cours des choses humaines nous paraît insensé, cela tient au mauvais choix du point de vue sous lequel nous le considérons. Les planètes, vues de la terre, tantôt vont en arrière, tantôt s'arrêtent et tantôt vont en avant. Mais si le point de vue est pris du soleil, ce que la raison seule peut faire, elles suivent, selon l'hypothèse de Copernic, régulièrement leur cours. Il plaît toutefois à quelques-uns, qui par ailleurs ne manquent pas de sagesse, de s'accrocher obstinément à leur façon d'expliquer les phénomènes et au point de vue qu'ils ont une fois adopté, quand bien même ils s'embarrasseraient jusqu'à l'absurde dans les cycles et épicycles de Tycho. Mais, — et c'est précisément ce qu'il y a de malheureux — nous ne pouvons nous placer à ce point de vue quand il s'agit de la prévision d'actions libres. Car ce serait le point de vue de la *Providence*, qui se situe au delà de toute sagesse humaine, et qui s'étend aussi aux *libres* actions de l'homme que celui-ci peut sans doute *voir* mais non *prévoir* avec certitude (pour l'œil de Dieu, il n'y a là aucune différence) ; parce que dans ce dernier cas il lui faut l'enchaînement d'après les lois naturelles, mais en ce qui concerne les actions *libres* à venir, il doit se passer de cette direction ou indication.

Si l'on pouvait attribuer à l'homme un vouloir inné, et invariablement bon, quoique limité, il pourrait prédire avec certitude ce progrès de son espèce, parce que celui-ci se rapporterait à un événement qu'il peut lui-même produire. Mais, étant donné le mélange du Bien et du Mal dans ses dispositions, mélange dont la proportion lui est inconnue, il ne sait pas lui-même quel résultat il peut en attendre.

### V. IL FAUT BIEN NÉANMOINS RATTACHER A QUELQUE EXPÉRIENCE L'HISTOIRE PROPHÉTIQUE DU GENRE HUMAIN

Il doit se produire dans l'espèce humaine quelque expérience qui, en tant qu'événement, indique son aptitude et son pouvoir à être *cause* de son progrès, et (puisque ce doit être d'un être doué de liberté) à en être *l'auteur ;* or, à partir d'une cause donnée, on peut prédire un événement en tant qu'effet, si se produisent les circonstances qui y concourent. Mais, que ces dernières doivent à quelque moment se produire, c'est ce qui peut bien être prédit en général, comme dans le calcul des probabilités au jeu, sans toutefois qu'on puisse déterminer si cela se passera dans ma vie, et si j'en aurai l'expérience qui confirmerait cette prédiction. — Il faut donc rechercher un événement qui indique l'existence d'une telle cause et aussi l'action de sa causalité dans le genre humain d'une manière

indéterminée sous le rapport du temps, et qui permette de conclure au progrès comme conséquence
inévitable ; cette conclusion pourrait alors être étendue aussi à l'histoire du passé (à savoir qu'il y a toujours eu progrès) ; de sorte toutefois que cet événement n'en soit pas lui-même la cause, et, ne devant
être regardé que comme indication, comme *signe historique (signum rememorativum, demonstrativum, prog-
nosticum)*, puisse ainsi démontrer la *tendance* du genre
humain considéré en sa *totalité*, c'est-à-dire non pas
suivant les individus, (car cela aboutirait à une énumé-
ration et à un compte interminable), mais suivant les
divisions qu'on y rencontre sur terre en peuples et en
États.

## VI. D'UN ÉVÉNEMENT DE NOTRE TEMPS QUI PROUVE CETTE
### TENDANCE MORALE DE L'HUMANITÉ

N'attendez pas que cet événement consiste en hauts
gestes ou forfaits importants commis par les hommes, à
la suite de quoi, ce qui était grand parmi les hommes
est rendu petit, ou ce qui était petit rendu grand, ni en
d'antiques et brillants édifices politiques qui disparais-
sent comme par magie, pendant qu'à leur place d'autres
surgissent en quelque sorte des profondeurs de la terre.
Non ; rien de tout cela. Il s'agit seulement de la
manière de penser des spectateurs qui se trahit *publiquement* dans ce jeu de grandes révolutions et qui,
même au prix du danger que pourrait leur attirer une
telle partialité, manifeste néanmoins un intérêt universel, qui n'est cependant pas égoïste, pour les
joueurs d'un parti contre ceux de l'autre, démontrant
ainsi (à cause de l'universalité) un caractère du genre
humain dans sa totalité et en même temps (à cause du
désintéressement), un caractère moral de cette huma-

nité, tout au moins dans ses dispositions ; caractère qui
non seulement permet d'espérer le progrès, mais
représente en lui-même un tel progrès dans la mesure
où il est actuellement possible de l'atteindre.

Peu importe si la révolution d'un peuple plein
d'esprit, que nous avons vu s'effectuer de nos jours,
réussit ou échoue, peu importe si elle accumule misère
et atrocités au point qu'un homme sensé qui la referait
avec l'espoir de la mener à bien, ne se résoudrait
jamais néanmoins à tenter l'expérience à ce prix, —
cette révolution, dis-je, trouve quand même dans les
esprits de tous les spectateurs (qui ne sont pas eux-
mêmes engagés dans ce jeu) une *sympathie* d'aspira-
tion qui frise l'enthousiasme et dont la manifestation
même comportait un danger ; cette sympathie par conséquent ne peut avoir d'autre cause qu'une disposition
morale du genre humain.

Cette cause morale qui intervient est double : d'abord
c'est celle du *droit* qu'a un peuple de ne pas être empêché par d'autres puissances de se donner une constitution politique à son gré ; deuxièmement c'est celle de
la *fin* (qui est aussi un devoir) : seule est en soi *conforme au droit* et moralement bonne la constitution d'un
peuple qui est propre par sa nature à éviter selon des
principes la guerre offensive ; ce ne peut être que la
constitution républicaine, théoriquement du moins [2] —
par suite propre à se placer dans les conditions qui
écartent la guerre (source de tous les maux et de toute
corruption des mœurs), et qui assurent de ce fait néga-
tivement le progrès du genre humain, malgré toute son
infirmité, en lui garantissant que, du moins, il ne sera
pas entravé dans son progrès.

Ceci donc, ainsi que la participation *passionnée* au
Bien, *l'enthousiasme*, qui par ailleurs ne comporte pas
une approbation sans réserve, du fait que toute émo-

tion comme telle mérite un blâme, permet cependant, grâce à cette histoire, de faire la remarque suivante, qui a son importance pour l'anthropologie : le véritable enthousiasme ne se rapporte toujours qu'à ce qui est *idéal*, plus spécialement à ce qui est purement moral, le concept de droit par exemple, et il ne peut se greffer sur l'intérêt. Malgré des récompenses pécuniaires les adversaires des révolutionnaires ne pouvaient se hausser jusqu'au zèle et à la grandeur d'âme qu'éveillait en ces derniers le pur concept du droit ; et même le concept d'honneur de la vieille noblesse guerrière (proche parent de l'enthousiasme), finit par s'évanouir devant les armes de ceux qui avaient en vue [3] le *droit* du peuple auquel ils appartenaient, et s'en considéraient comme les défenseurs ; exaltation avec laquelle sympathisait le public qui du dehors assistait en spectateur, sans la moindre intention de s'y associer effectivement.

### VII. HISTOIRE PROPHÉTIQUE DE L'HUMANITÉ

Il doit y avoir dans le principe un *élément moral :* et la raison nous le présente comme pur, mais en même temps, parce qu'il a exercé une influence considérable faisant époque, elle nous le présente aussi comme exhibant le devoir reconnu par l'âme humaine d'agir en ce sens et comme concernant l'humanité dans le tout de son union (*non singulorum, sed universorum*), puisqu'elle applaudit à l'espoir de la réussite et aux tentatives de réalisation avec une sympathie aussi universelle et aussi désintéressée. — Cet événement n'est pas un phénomène de révolution, mais (comme le dit M. Erhard), un phénomène de *l'évolution* d'une constitution de *droit naturel* qui, assurément, ne se conquiert pas encore au seul prix de farouches combats, —

la *guerre extérieure et intérieure ruinant en effet toute constitution statutaire* existant préalablement — mais qui conduit néanmoins à s'orienter vers une constitution qui ne peut être belliqueuse, à savoir la constitution républicaine ; celle-ci peut être républicaine soit par sa *forme politique*, soit seulement en vertu du *mode de gouvernement*, en faisant administrer l'État sous l'unité d'un chef (le monarque), en analogie avec les lois que se donnerait un peuple lui-même d'après les principes universels du droit.

Or je soutiens que je peux prédire au genre humain — même sans esprit prophétique — d'après les apparences et les signes précurseurs de notre époque, qu'il atteindra cette fin, et que, en même temps, dès lors ses progrès ne seront plus entièrement remis en question. En effet, un tel phénomène dans l'histoire de l'humanité *ne s'oublie plus*, parce qu'il a révélé dans la nature humaine une disposition, une faculté de progresser telle qu'aucune politique n'aurait pu, à force de subtilité, la dégager du cours antérieur des événements : seules la nature et la liberté, réunies dans l'espèce humaine suivant les principes internes du droit étaient en mesure de l'annoncer, encore que, quant au temps, d'une manière indéterminée et comme événement contingent.

Mais, même si le but visé par cet événement n'était pas encore aujourd'hui atteint, quand bien même la révolution ou la réforme de la constitution d'un peuple aurait finalement échoué, ou bien si, passé un certain laps de temps, tout retombait dans l'ornière précédente (comme le prédisent maintenant certains politiques), cette prophétie philosophique n'en perd pourtant rien de sa force. — Car cet événement est trop important, trop mêlé aux intérêts de l'humanité, et d'une influence trop vaste sur toutes les parties

du monde, pour ne pas devoir être remis en mémoire
aux peuples à l'occasion de circonstances favorables, et
rappelé lors de la reprise de nouvelles tentatives de ce
genre ; car dans une affaire aussi importante pour
l'espèce humaine, il faut bien que la constitution proje-
tée atteigne enfin à un certain moment cette solidité
que l'enseignement d'expériences répétées ne saurait
manquer de lui donner dans tous les esprits.

Voilà donc une proposition non seulement bien inten-
tionnée et recommandable au point de vue pratique,
mais aussi valable en dépit de tous les incrédules,
même pour la théorie la plus sévère : le genre humain
a toujours été en progrès et continuera toujours de
l'être à l'avenir ; ce qui, si l'on ne considère pas seulement l'événement qui peut se produire chez un peuple
quelconque, mais encore l'extension à tous les peuples
de la terre, qui peu à peu pourraient y participer, ouvre
une perspective à perte de vue dans le temps ; à moins
que ne succède à la première époque d'une révolution
naturelle qui (selon Camper et Blumenbach) ensevelit
le règne animal et le règne végétal, avant même
l'apparition de l'homme, une deuxième époque qui réserve le même sort au genre humain pour permettre
l'entrée en scène d'autres créatures et ainsi de suite...
Car pour la toute-puissance de la nature ou bien plutôt
de la cause première la plus éloignée inaccessible pour
nous, l'homme n'est encore à son tour qu'une vétille.
Mais que les souverains de sa propre espèce le traitent
et le considèrent ainsi, soit en l'accablant comme un
animal et en le considérant comme un simple instrument de leurs desseins, soit en opposant les individus
entre eux dans leurs conflits pour les faire massacrer :
voilà ce qui n'est plus une vétille, mais un renverse-
ment du *but final* même de la création.

## VIII. DE LA DIFFICULTÉ DES MAXIMES TOUCHANT LE PROGRÈS UNIVERSEL, DU POINT DE VUE DE LEUR PUBLICITÉ

*Éclairer le peuple*, c'est lui enseigner publiquement ses devoirs et ses droits vis-à-vis de l'État auquel il appartient. Du fait qu'il s'agit ici seulement de droits naturels dérivant du sens commun des hommes, les annonciateurs et les commentateurs naturels en sont dans le peuple non pas des professeurs de droit officiellement établis par l'État, mais des professeurs de droit libres, c'est-à-dire des philosophes qui précisément, grâce à cette liberté qu'ils s'accordent, heurtent l'État qui toujours ne veut que régner, et sont décriés sous le nom de *propagateurs des lumières*, comme des gens dangereux pour l'État ; bien que leur voix ne s'adresse pas *confidentiellement* au peuple (qui ne s'occupe guère ou même pas de cette question et de leurs écrits), mais *respectueusement* à l'État qu'ils implorent de prendre en considération ce besoin qui se fait sentir du droit. Il n'y a pas d'autre voie que celle de la publicité, s'il s'agit pour un peuple entier d'exposer ses doléances *(gravamen)*. Ainsi, *l'interdiction* de la publicité empêche le progrès du peuple, même en ce qui concerne la moindre de ses exigences, à savoir son simple droit naturel.

Un autre déguisement, qui est certes facile à pénétrer, mais auquel néanmoins la loi contraint le peuple, est celui de la véritable nature de sa constitution. Ce serait injurier la majesté du peuple britannique que de dire de lui : c'est une *monarchie absolue ;* on prétend au contraire qu'il possède une Constitution limitant la volonté du Monarque par le moyen des deux Chambres du Parlement jouant le rôle de représentants du peuple ; et pourtant chacun sait fort bien que l'influence du Monarque sur ces représentants est si grande et si sûre que ces Chambres ne décident rien d'autre que ce qu'il veut et propose par l'intermédiaire de son ministre ; après quoi ce dernier, en passant, se paie le luxe de proposer des résolutions sur lesquelles il s'attend avec certitude à être contredit, *s'arrangeant* même pour l'être (par exemple à propos de la traite des Noirs) afin de donner une preuve factice de la liberté du Parlement. — En présentant ainsi la nature des choses, on trompe le monde, en sorte que la vraie constitution conforme au droit n'est plus du tout recherchée : on s'imagine en effet l'avoir trouvée dans un exemple concret déjà réalisé, et une publicité mensongère trompe le peuple par le leurre d'une *Monarchie à pouvoir limité* [4], les limites de ce pouvoir étant dans la loi qui est issue de lui, tandis que ses représentants, gagnés par corruption, l'ont secrètement soumis à un *Monarque absolu*.

L'idée d'une constitution en harmonie avec le droit naturel des hommes, c'est-à-dire dans laquelle ceux qui obéissent à la loi doivent aussi, réunis en corps, légiférer, se trouve à la base de toutes les formes politiques ; et l'organisme général qui, conçu en conformité avec elle, selon de purs concepts de la Raison, s'appelle un *idéal platonicien (Respublica noumenon)*, n'est pas une chimère, mais la norme éternelle de toute constitution politique en général, et écarte toute guerre. Une société politique constituée conformément à cet idéal en est la représentation, suivant des lois de liberté, par le moyen d'un exemple donné dans l'expérience *(Respublica phenomenon)*, et ne peut être péniblement obtenue qu'après maintes hostilités et maintes guerres ; mais sa constitution, une fois acquise dans son ensemble, se qualifie comme la meilleure de toutes, pour tenir éloignée la guerre, destructrice de tout bien ; c'est donc un devoir d'y entrer ; mais provisoirement (parce que cela ne se réalisera pas de sitôt), c'est le devoir des Monarques, tout en régnant en *autocrates*, de gouverner néanmoins selon la méthode républicaine (je ne dis pas : démocratique), c'est-à-dire de traiter le peuple suivant des principes conformes à l'esprit des lois de la liberté (comme un peuple de mûre raison se les prescrirait à lui-même), encore qu'à la lettre ce peuple ne soit pas invité à donner son consentement.

### IX. QUEL GAIN LE PROGRÈS APPORTERA-T-IL AU GENRE HUMAIN?

Non pas une quantité toujours croissante de la *moralité* quant à l'intention, mais une augmentation des effets de sa *légalité* dans des actions conformes au devoir, quel que soit le motif qui ait pu les déterminer ; c'est-à-dire que c'est dans les bonnes *actions* des hommes, qui deviendront toujours plus nombreuses et meilleures, par suite dans les phénomènes de la condition morale du genre humain, que le profit (le résultat) de sa propre transformation en vue du mieux pourra se manifester. Car nous n'avons que des données empiriques (expériences) pour fonder cette prédiction ; à savoir la cause physique de nos actions en tant qu'elles se produisent, actions qui sont elles-mêmes des phénomènes, et non la cause morale contenant le concept du devoir, de ce qui devait arriver, concept qui seul peut être établi purement *a priori*.

Peu à peu les puissants useront moins de la violence, et il y aura plus de docilité à l'égard des lois. Il y aura dans la société plus de bienfaisance, moins de chicanes dans les procès, plus de sûreté dans la parole donnée, etc... soit par amour de l'honneur, soit par intérêt personnel bien compris ; et cela s'étendra enfin

aussi aux peuples dans leurs relations extérieures jusqu'à la société cosmopolite, sans que l'on doive de ce
fait attribuer le moins du monde au fondement moral de
l'humanité une plus grande extension, ce qui en effet
exigerait aussi une sorte de nouvelle création (une
influence surnaturelle). — Car nous ne devons pas trop
espérer des hommes dans leurs progrès, pour ne pas
nous exposer à bon droit aux railleries du politicien qui
voudrait bien prendre cet espoir pour le rêve d'un cerveau exalté [5].

## X. DANS QUEL ORDRE SEUL PEUT-ON S'ATTENDRE
### AU PROGRÈS?

Voici la réponse : non pas selon une marche des
choses allant de *bas en haut*, mais *de haut en bas*. —
S'attendre à ce que, par le moyen de la formation de la
jeunesse sous la direction de la famille, et ensuite dans
les écoles, depuis les plus humbles jusqu'aux plus
élevées, par une culture intellectuelle et morale, ren-
forcée de l'enseignement religieux, on arrive enfin non
seulement à élever de bons citoyens, mais encore à former en vue du Bien tout ce qui peut toujours davantage
progresser et se conserver, c'est là un plan dont on peut
espérer difficilement la réussite désirée. Car outre
que le peuple pense que les frais de l'éducation de sa
jeunesse doivent être supportés non pas par lui mais
par l'État, pendant que l'État de son côté n'a plus d'argent de reste pour payer des maîtres capables et
s'acquittant avec zèle de leurs fonctions (ce dont se
plaint Buschning) parce qu'il l'emploie tout au service
de la guerre, tout le mécanisme de cette éducation, en
outre, n'a pas d'unité, s'il n'est pas conçu et mis en
œuvre selon un plan réfléchi de la puissance souve-
raine, puis selon les directions de ce plan, et s'il n'est

pas toujours maintenu conforme ; auquel cas il faudrait
bien aussi que, de temps en temps, l'État se réforme
de lui-même, et, essayant l'évolution au lieu de la
révolution, progresse constamment. Or, comme ce sont
néanmoins des hommes qui doivent réaliser cette
éducation, par conséquent des êtres qui ont dû eux-
mêmes être élevés en vue de cette mission, il faut,
étant donné l'infirmité de la nature humaine et la
contingence des événements capables de favoriser un
tel résultat, placer l'espoir de son progrès uniquement
en la sagesse venue d'en haut (qui a nom Providence
quand elle nous est invisible), comme condition positive ; mais pour ce qui, dans ce domaine, peut être
attendu et exigé des *hommes*, il ne faut compter, pour
l'avancement de cette fin, que sur une sagesse néga-
tive, à savoir qu'ils soient obligés de rendre la *guerre*,
le plus grand obstacle à la moralité, qui s'oppose constamment à cet avancement, d'abord de plus en plus
humaine, puis de plus en plus rare, enfin de l'abolir tout
à fait en tant qu'offensive, pour s'engager dans la voie
d'une constitution qui, par sa nature, sans s'affaiblir,
fondée sur de vrais principes du droit, puisse persé-
vérer dans le progrès.

# NOTES ET RÉFÉRENCES

## 1

La première esquisse de cet opuscule parut en 1775, pour annoncer les Leçons de géographie physique que Kant donna dans le semestre d'été 1775. Kant lui donna plus d'ampleur et le remania pour le publier dans la deuxième partie de l'ouvrage de Engel : *Philosoph für die Welt*. 1777.

1 *Note du traducteur :* Entendre, évidemment, par ce terme d'Américains, chez Kant, les tribus Peaux-Rouges, population primitive du pays.

2. Nous prenons ordinairement dans un même sens les dénominations de « *Description de la Nature* » et d' « *Histoire de la Nature* ». Mais il est clair que la connaissance des choses de la Nature, dans leur état actuel, ne suffit jamais à satisfaire le désir de connaître *ce qu'elles ont été auparavant*, et par quelle série de changements elles sont passées pour en arriver à leur état présent. *L'Histoire de la Nature* qui nous fait encore presque totalement défaut, nous apprendrait les révolutions de la terre, en même temps que celles des créatures terrestres (plantes et animaux), et les dérivations qui en sont résultées à partir de la fore primitive du genre originel. Elle réduirait probablement une foule d'espèces différenciées en apparence à des races de même espèce, et transformerait le système scolastique actuel si diffus de la description de la Nature en un système physique à l'usage de l'entendement.

3. Les maladies sont parfois héréditaires. Mais celles-ci n'ont besoin d'aucune organisation : elles n'ont besoin que d'un ferment d'humeurs nocives, qui se propage par contagion. D'ailleurs, elles ne sont pas nécessairement héréditaires.

4. Pour ne citer qu'un seul exemple : à Surinam, pour les travaux domestiques qui, d'ordinaire, incombent aux nègres seuls, on se sert des esclaves rouges (Américains) parce qu'ils sont trop faibles pour le travail des champs. Et pourtant on ne manque point en ces lieux de moyens de coercition. Mais c'est que

les indigènes de ce continent manquent avant tout d'aptitudes physiques et d'endurance.

5. J'avais, il est vrai, lu en outre que ces Indiens ont la particularité d'avoir les mains froides par de grosses chaleurs, et que ce devait être l'effet de leur sobriété et de leur tempérance. Mais, ayant eu le plaisir de m'entretenir lors de son passage à Koenigsberg avec le voyageur attentif et perspicace qu'est M. Eaton, qui séjourna en qualité de consul hollandais et de chef de son établissement à Bassora, etc. voilà le récit que j'eus de lui : dansant à Surat avec la femme d'un consul européen, il avait été étonné de lui sentir les mains froides et sèches (l'habitude des gants ne s'est pas encore introduite là-bas), et ayant exprimé sa surprise à d'autres personnes, il avait reçu en réponse cette explication qu'elle avait eu une mère indienne, et que cette particularité leur était héréditaire. Autre chose en était encore une preuve : si là-bas il arrive de rencontrer des enfants *parsis* à côté d'enfants indiens, la différence de races saute aux yeux. Car la teinte de la peau est blanche pour les premiers, brune pour les seconds. En même temps les Indiens auraient dans leur constitution ce signe distinctif : leurs cuisses seraient plus longues que la taille normale de chez nous.

6. Dans les contrées chaudes de l'hémisphère austral, il y a aussi une petite souche de nègres qui s'étend jusqu'aux îles voisines : par suite du croisement avec des populations au sang métissé d'hindou, on serait presque tenté de croire qu'ils ne sont pas indigènes à ces régions, mais que, en des temps très lointains, ils ont été peu à peu introduits au sein d'une communauté où les Malais se sont mêlés aux Africains.

## 2

Une note parue dans la *Gotaische gelehrte Zeitung* (11 février 1874) s'exprimait ainsi : « Une idée chère au professeur Kant, c'est que le but final de l'espèce humaine est la réalisation de la constitution politique la plus parfaite, et il souhaite qu'un historien philosophe veuille bien entreprendre une histoire de l'humanité conçue sous ce point de vue, qui montre jusqu'à quel point l'humanité, aux différentes époques, s'est éloignée ou rapprochée de ce but, et ce qu'il y a encore à faire pour l'atteindre. »

C'est pour répondre à l'attente suscitée par cette note que

Kant écrivit dans la *Berlinische Monatsschrift* de novembre 1784, l'article qui devint l'*Idée d'une histoire universelle au point de vue cosmopolitique.*

1. Le rôle de l'homme est par conséquent tout à fait artificiel. Ce qu'il en est des habitants des autres planètes et de leur nature, nous l'ignorons. Mais si nous menons à bien cette mission de la nature, nous pouvons certes nous flatter d'avoir droit à une place de choix parmi nos voisins dans l'édifice du monde. Peut-être chez ces autres, chaque individu peut-il remplir pleinement sa destinée au cours de sa vie : pour nous, l'affaire se présente tout autrement : il n'y a que l'espèce qui puisse nourrir cette espérance.

2. Seule l'existence d'un *public instruit,* qui a duré sans interruption depuis les débuts de l'histoire ancienne jusqu'à nous, peut en garantir l'authenticité. En dehors de lui, tout est « terra ignota » ; et l'histoire des peuples qui vécurent en marge de lui, ne peut être entreprise qu'à partir du moment où ils y sont entrés. C'est ce qui arriva pour le peuple *juif,* au temps des *Ptolémé*es, par l'intermédiaire de la traduction grecque de la Bible, sans laquelle on ne pourrait guère ajouter crédit aux renseignements *isolés* que nous possédons sur lui. A partir de ce moment (une fois ce point initial bien établi), on peut remonter le cycle des récits historiques. Et de même pour tous les peuples. La première page de *Thucydide* (dit Hume) est le seul début de toute histoire véridique.

### 3

Dans le numéro de septembre 1784 de la *Berlinische Monatsschrift,* Mendelssohn avait donné un article: « *Sur la question : qu'est-ce que les lumières ?* » C'est le même sujet que traite Kant — qui ne connaissait pas l'étude de Mendelssohn — dans le numéro de décembre de la même *Revue.*

### 4

A la demande de Schütz, Kant écrivit pour la *Jenaische allgemeine Literaturzeitung* (janvier 1785) un compte rendu anonyme de la première partie des « Idées » de Herder. Personne ne se méprit sur l'auteur de l'article. En février.

1785, Reinhold, dans le *Mercure allemand*, entreprit de réfuter le compte rendu de Kant. Celui-ci répliqua : dans un supplément au numéro de mars 1785 de l'*Allgemeine Literaturzeitung*, parurent les *Erinnerungen des Recensenten der Herderschen Ideen*.

La même année, en novembre, dans la même *Revue*, Kant écrivit le compte rendu de la deuxième partie de l'ouvrage de Herder.

### 5

L'opuscule parut dans le numéro de novembre 1785 de la *Berlinische Monatsschrift*, suscité, semble-t-il, par des appréciations portées sur l'opuscule de 1777, traitant la même question.

1. Voir Engel : *Philosoph für die Welt*, 2e partie, p. 125 et suiv.

2. Au début, quand on a devant les yeux seulement les caractères de la comparaison (selon la ressemblance ou la dissemblance), on maintient des *classes* de créatures sous la rubrique d'un genre. Mais si l'on remonte plus avant vers leur origine, il faudra alors découvrir si ces classes sont autant d'espèces distinctes ou seulement des *races*. Le loup, le renard, le chacal, l'hyène et le chien domestique sont autant de classes d'animaux quadrupèdes. Si on admet que chacune d'elles a eu besoin d'une origine particulière, ce sont autant d'espèces : mais si on reconnaît qu'elles ont pu sortir d'une souche unique, ce ne sont plus que des races à l'intérieur de celle-ci. *Espèce et genre* sont dans *l'histoire de la nature* (qui n'a d'intérêt que du point de vue de la naissance et de l'origine) en soi indistincts. Dans la *description de la nature*, comme on ne s'attache qu'à comparer les particularités, cette différence au contraire trouve sa place. Ce qui s'appelle dans le premier cas *espèce*, ne doit bien souvent dans le second cas recevoir que le nom de *race*.

### 6

Le traité parut dans le cahier de janvier 1786 de la *Berlinische Monatsschrift*.

1. *Le besoin de se communiquer à autrui* doit d'abord avoir incité l'homme encore solitaire à manifester son existence vis-à-vis
des êtres vivants qui lui sont extérieurs particulièrement vis-à-vis
de ceux qui émettent des sons qu'il peut imiter et utiliser par la
suite comme langage. Un effet analogue de ce besoin se remarque encore chez les enfants et les simples d'esprit qui, par des
bruits, des cris, des sifflements, des chants et autres attitudes
bruyantes (souvent aussi par des imprécations), troublent la
partie pensante de la communauté. Car je ne vois pas d'autres
explications à cette attitude que la volonté de manifester leur
existence en tous sens autour d'eux.

2. Je ne donnerai que quelques exemples de cette contradiction
entre l'effort de l'humanité pour tendre à sa destination *morale*
d'une part, et l'obéissance inéluctable aux lois placées dans sa
nature en vue d'un état rustique et animal, d'autre part.

L'époque de la majorité, c'est-à-dire de l'inclination à engendrer l'espèce, a été fixée par la nature à l'âge d'environ 16 à 17
ans, âge auquel l'adolescent devient dans l'état primitif de la nature, littéralement homme : car il a, à ce moment-là, le pouvoir
de se subvenir à soi-même, d'engendrer son espèce, et même de
subvenir aux besoins de son espèce ainsi qu'à ceux de sa femme.
La simplicité des besoins lui rend cette tâche facile. L'état civilisé,
au contraire, requiert pour cette dernière tâche beaucoup d'industrie, aussi bien l'habileté que des circonstances extérieures favorables, de sorte que cette époque, civiquement du moins, est re-
tardée en moyenne de dix ans. La nature n'a cependant pas
changé son point de maturité pour l'accorder avec le progrès vers
l'affinement de la Société. Elle suit obstinément sa loi qui l'a
disposée à la conservation de l'espèce humaine en tant qu'espèce
animale. Il en résulte un préjudice inévitable causé à la fin de la
nature par les mœurs et réciproquement. Car l'homme de la Société (qui ne cesse pas néanmoins d'être un homme selon la nature), n'est qu'un adolescent, voire un enfant ; car on peut bien
appeler de ce nom celui qui, malgré son âge (dans l'état de la
société), ne peut même pas subvenir à lui-même, et, à plus forte
raison, subvenir à son espèce, bien qu'il puisse posséder l'instinct
et le pouvoir de l'engendrer, donc de suivre l'appel de la nature.
Car la nature n'a certainement pas mis des instincts et des
pouvoirs dans des créatures vivantes pour que celles-ci les com-
battent et les étouffent. Donc de telles dispositions n'ont pas été
données en vue de la conservation de l'espèce en tant qu'espèce
animale. Et l'état de civilisation entre par conséquent inévitable-

ment en conflit avec elles, conflit que seule une constitution civile parfaite (le but le plus élevé de la civilisation) pourrait résoudre, puisqu'actuellement cet intervalle est rempli d'ordinaire par des vices qui entraînent comme conséquence la misère humaine sous toutes ses formes.

Un autre exemple à l'appui de cette proposition, que la nature a mis en nous deux dispositions orientées vers deux fins divergentes, à savoir l'humanité en tant qu'espèce animale, et l'humanité en tant qu'espèce morale, c'est le « *Ars longa — Vita brevis* » d'Hippocrate. Chez un individu unique dont l'esprit constitué à cette seule fin serait parvenu à une bonne maturité de jugement grâce à une longue pratique et à l'expérience acquise, les sciences et les arts pourraient être pratiqués bien plus avant qu'on ne peut les faire avancer par des générations entières et successives de savants, à la seule condition que cet esprit pût garder la même vigueur et la même jeunesse pendant le temps qui est accordé à l'ensemble de ces générations. Or la nature a pris sa résolution à l'égard de la durée de la vie humaine évidemment en se plaçant à un autre point de vue que celui de l'avancement des sciences. Car au moment où l'esprit le mieux doué est sur le bord des plus grandes découvertes, au moment où son habileté, son expérience, lui permettent de nourrir certains espoirs, déjà la vieillesse intervient ; il s'affaiblit et doit céder la place à une deuxième génération (qui à son tour reprend tout depuis le B. A. — BA, et doit encore une fois refaire tout le chemin déjà parcouru) : à elle incombera le rôle de franchir une étape nouvelle vers le progrès de la culture. La marche de l'espèce humaine pour remplir toute sa destination semble de ce fait incessamment interrompue et risque continuellement de retomber dans la brutalité primitive. Aussi n'est-ce pas tout à fait sans raison que le philosophe grec se lamentait : « *Il est dommage qu'il faille mourir, juste au moment où l'on commence à se rendre compte de la façon dont on aurait vraiment dû vivre.* »

Un troisième exemple à citer, c'est *l'inégalité* entre les hommes et non pas celle des dons naturels ou des richesses, mais l'inégalité du *droit* universel *humain* : inégalité dont Rousseau se plaint à juste titre, mais qui est inséparable de la culture aussi longtemps que celle-ci progresse sans suivre un plan (phénomène également inévitable pendant un certain laps de temps). La nature n'avait certainement pas destiné l'homme à cette inégalité, puisqu'elle lui a donné la liberté et la raison, afin de n'assigner aucune autre limite à cette liberté que sa conformité à la loi universelle : Il s'agit ici d'une conformité extérieure, qui s'appelle *le droit civil*. L'homme dut, par ses propres moyens, sortir de la brutalité primitive où le plaçaient ses dispositions naturelles et, en s'élevant au-dessus d'elles, faire néanmoins attention de ne pas les contrarier ; c'est un art qui ne peut s'apprendre que tardivement, et après bien des tentatives infructueuses : pendant ce laps de temps, l'humanité gémit sous le poids de maux que, par inexpérience, elle se cause à elle-même.

3. Les *Bédouins* arabes se disent encore enfants d'un ancien *Cheik*, fondateur de leur tribu (comme *Beni Haied* et autres). Il n'est nullement leur *seigneur*, et ne peut exercer aucune autorité sur eux selon sa guise. Car dans un peuple de bergers, comme personne n'a de propriété immobilière à laisser, chaque famille peut, si elle ne s'y plaît pas, se détacher très facilement de la tribu pour s'intégrer à une autre.

## 7

L'étude de Kant parut dans le « *Mercure allemand* » de janvier et février 1788. Elle avait un double but : 1. répondre aux objections que le naturaliste Forster avait élevées au sujet de l'article de Kant sur la *détermination du concept de race humaine* ; 2. affirmer publiquement son accord avec l'auteur des « *Lettres sur la philosophie kantienne* » : Leonhard Reinhold.

1. Je proposerais pour la description de la nature le mot de *Physiographie* et pour l'histoire de la nature, celui de *Psysiogonie*.

2. L'appellation de *classes* et *ordres* (ordines) exprime sans équivoque possible une séparation purement *logique* que la *raison* établit parmi ses concepts en vue de la simple *comparaison* ; mais *genres* (genera) et *espèces* (species) peuvent aussi signifier la distinction physique que la nature établit elle-même entre ses créatures dans l'ordre de sa *création*. Le caractère de la race peut donc suffire à classer d'après cela les créatures, mais non à en tirer une espèce (species) particulière, parce que cette dernière pourrait signifier aussi une dérivation distincte que nous nous refusons à comprendre sous le nom de race. Il va de soi que nous ne prenons pas le mot de « classe » dans son sens étendu,

comme il est pris dans le système de Linné ; nous l'employons pour marquer la division dans une toute autre intention.

3. Sommering. Sur la différencation corporelle du Nègre et de l'Européen (p. 79) : « On trouve dans la structure du Nègre des particularités qui en font pour son climat la créature la plus parfaite, peut-être plus parfaite que l'Européen. » Cet esprit distingué met en doute (dans le même Mémoire §44) l'opinion du Dr Schott selon laquelle la peau du Nègre serait organisée de façon plus adéquate, en vue d'une meilleure élimination des matières nocives. Mais si l'on associe à ces faits les renseignements fournis par Lind (« Des maladies des Européens... ») sur la nocivité de l'air phlogistique par des zones boisées marécageuses aux abords du fleuve Gambie, et si rapidement mortel pour les marins anglais, et où néanmoins les Nègres vivent comme dans leur élément, cette opinion reçoit pourtant une grande vraisemblance.

4. Cette dernière remarque, sans être introduite ici comme démonstrative, n'est pourtant pas dépourvue d'intérêt. Dans les « Commentaires » de M. Sprengel, 5e partie, p. 286—87, un technicien, contre le vœu de Ramsay qui souhaiterait voir utiliser tous les esclaves nègres comme travailleurs libres, fait valoir les arguments suivants, que parmi les milliers de nègres libérés qu'on rencontre en Amérique et en Angleterre, il ne connaît pas d'exemple où l'un de ceux-ci exerce un emploi qu'on puisse à proprement parler nommer *travail ;* et de plus ils ne tarderaient pas à abandonner un métier facile qu'ils auraient auparavant été obligés d'exercer pour se faire revendeurs, hôteliers misérables, domestiques en livrée, pêcheurs et chasseurs à l'occasion, des nomades en un mot. Le même phénomène exactement se retrouve parmi nous, avec les Tziganes. — Le même auteur fait remarquer en même temps leur absence de goût au travail : ils préfèrent l'attente derrière la voiture de leurs maîtres, ou par les nuits d'hiver les plus rigoureuses devant les entrées glacées des théâtres (en Angleterre) plutôt que de battre le blé, bêcher, porter des fardeaux, etc... Ne faudrait-il pas en conclure que, en dehors du pouvoir de travailler, il y a, indépendant de toute sollicitation et en liaison étroite avec certaines dispositions naturelles, un penchant immédiat à l'activité (et particulièrement à cette activité soutenue qu'on nomme persévérance), et que les Hindous tout autant que les Nègres n'emportent et n'héritent sous d'autres climats de cet instinct que juste ce dont ils avaient besoin et qu'ils avaient reçu de la nature pour subsister dans leur ancien

pays natal : ainsi cette disposition intérieure ne s'éteindrait pas davantage que la disposition extérieure visible. Or les besoins beaucoup moindres de ces pays et le peu de peine que nécessite encore leur satisfaction n'exige pas une disposition supérieure à l'activité. Je voudrais encore citer ici un passage de l'intéressante *Description de Sumatra* pas Marsden (cf. Sprengel, 6e partie, pp. 198—99). « La couleur de leur peau (il s'agit des Réjans) est habituellement *jaune,* sans le mélange de rouge qui produit la teinte cuivrée. Ils sont presque toujours un peu plus clairs de teint que les métis dans d'autres contrées de l'Inde. La couleur blanche des habitants de Sumatra *par comparaison avec d'autres peuples vivant juste sous le même climat* entraîne à mon avis une forte présomption pour croire que la couleur de la peau ne dépend nullement et directement du climat. » (Il rapporte justement ce détail à propos d'enfants nés là-bas par croisement d'Européens et de Nègres à la deuxième génération et il présume que la couleur foncée de la peau des Européens qui y ont résidé longtemps est une conséquence des nombreuses maladies de foie auxquelles tous sont exposés là-bas). — Ici, je dois encore faire la remarque que les mains des indigènes et des métis, en dépit du climat brûlant, sont habituellement froides (ce détail est important : il indique que la nature particulière de la peau ne doit provenir d'aucune cause superficielle externe).

5. Appartenir à une seule et même souche, cela ne signifie pas du même coup être issu d'un seul *couple originel.* Cela veut simplement dire que les diversités que l'on dénote actuellement dans une certaine espèce animale ne doivent pas être considérées comme autant de différences originelles. Or, si la première souche humaine se composait d'autant de personnes (des deux sexes) que l'on voudra, mais néanmoins toutes identiques, je peux dériver les hommes actuels d'un couple unique tout aussi bien que de couples multiples. M. Forster me soupçonne de vouloir formuler cette dernière hypothèse comme un fait par référence à une autorité ; mais ce n'est là que l'idée et elle découle tout naturellement de la théorie. Et si on objecte la difficulté pour le genre humain à ses débuts d'assurer sa sécurité à cause des bêtes sauvages, s'il est représenté par un couple unique, il n'y a pas là de quoi lui causer spécialement du souci. Car cette terre qu'il tient pour génératrice universelle a fort bien pu ne les créer que postérieurement à l'humanité.

6. Concernant cette idée mise principalement à la mode par Bonnet, cela vaut la peine de lire le « Mémoire » de M. le Pro-

fesseur Blumenbach (*Manuel d'Histoire Naturelle*, 1779, Préface. § 7). Cet esprit perspicace attribue aussi *l'instinct de formation*, par lequel il a apporté tant de lumière sur la science de la génération, non pas à la matière inorganique, mais uniquement aux membres d'êtres organisés.

7. Par exemple la faculté d'imagination (Einbildung) est chez l'homme un effet que nous n'entendons pas confondre avec d'autres effets de notre sensibilité (Gemüt). La force qui s'y rapporte ne peut donc être appelée autrement que force imaginative (Einbildungskraft) (en tant que force fondamentale). De même sous le nom de forces motrices (bewegende Kräfte) la force de répulsion et celle d'attraction sont des forces fondamentales. Pour expliquer l'unité de la substance divers esprits ont cru devoir admettre une seule force fondamentale, et ils ont pensé la découvrir en lui donnant la dénomination commune à diverses forces fondamentales : par exemple, ils disent que l'unique force fondamentale de l'âme est la force de représentation de l'univers ; — comme si je disais : l'unique force fondamentale de la matière est la force motrice, parce qu'attraction et répulsion se rangent également sous le concept général du mouvement. Mais on voudrait bien savoir si elles peuvent être déduites de cette dernière : or c'est impossible. Car les concepts *inférieurs* ne peuvent jamais être dérivés des concepts *supérieurs* en ce qu'ils ont de différent. Et en ce qui concerne l'unité de substance, dont il semble que le concept implique déjà par lui-même l'unité de la force fondamentale, cette illusion repose sur une définition incorrecte de la *force*. Car celle-ci n'est pas ce qui renferme le principe de la réalité. Mais on peut fort bien attribuer à la substance (sans porter préjudice à son unité) divers rapports.

# 8

L'ouvrage de Kant paru en 1798 sous le titre de : *Le conflit des Facultés*, contient trois dissertations qui, comme le déclare Kant lui-même dans la préface, ont été écrites à une époque différente, et dans une intention différente, mais dont l'unité systématique n'est cependant pas douteuse. La deuxième section intéresse spécialement la philosophie de l'histoire. Sa rédaction primitive portait en sous-titre : « *Question renouvelée : est-ce que l'espèce humaine est en progrès constant vers le mieux ?* »

1. On dit du charlatan qui trafique en divination (de celui qui s'y adonne sans s'y entendre et sans probité) qu'il est un *diseur de « bonne aventure »*, depuis la Pythie jusqu'à la Bohémienne.

2. On ne veut pas dire pour autant qu'un peuple qui a une constitution monarchique doive pour cela s'arroger le droit ni même nourrir en soi le secret désir de la voir modifier ; car il se peut que la position très étendue occupée par lui en Europe lui recommande cette constitution comme la seule qui lui permette de se maintenir au milieu de voisins puissants. De même les murmures des sujets provoqués non pas par le régime intérieur du gouvernement, mais par son attitude vis-à-vis de l'étranger, si par exemple il mettait obstacle aux aspirations républicaines d'autrui, ne sont pas une preuve du mécontentement du peuple contre sa propre constitution, mais bien plutôt de son amour pour celle-ci ; car il est d'autant plus garanti contre un danger particulier qui pourrait le menacer, que des peuples plus nombreux se mettent en république. — Cependant, des sycophantes calomniateurs, pour se rendre importants, ont cherché à faire passer ces innocents bavardages politiques pour soif de nouveauté, jacobinisme et agitation factieuse menaçant l'État, et pourtant, il n'y avait pas là le moindre fondement valable justifiant de telles allégations, surtout dans un pays éloigné de plus de cent lieues du théâtre de la Révolution.

3. D'un tel enthousiasme pour la défense du Droit du genre humain, on peut dire : « *Postquam ad arma Vulcania ventum est, — mortalis mucro glacies seu futilis ictu dissiluit.* » — Pourquoi un Souverain n'a-t-il jamais osé dire ouvertement qu'il ne reconnaît aucun *droit* au peuple contre lui ; que ce peuple ne doit son bonheur qu'à la *bienfaisance* d'un gouvernement qui le lui procure, et que toute prétention des sujets à quelque droit contre celui-ci (parce que ce droit renferme en lui-même le concept d'une résistance permise) est insensée et même punissable ? — La raison en est qu'une déclaration publique de ce genre soulèverait tous les sujets contre lui ; encore que, comme des moutons dociles, conduits par un maître bienveillant et sensé, grassement nourris et puissamment défendus, ils n'auraient aucunement à se plaindre qu'il manque quelque chose à leur bien-être. — Car l'être doué de liberté ne se contente pas de jouir de l'agrément de la vie, ce qui peut lui échoir du fait d'un autre (et dans le cas présent du gouvernement); ce qui importe, c'est le *principe* au moyen duquel il se le procure. Or, le bien-être n'a pas de principe, ni pour celui qui l'obtient, ni pour celui qui le distribue

(chacun d'eux fait consister le bonheur en des choses différentes) ; car il s'agit ici de l'élément *matériel* dans la volonté, qui est empirique et impropre au caractère d'universalité de la règle. Un être doué de liberté ne peut et ne doit donc, conscient de ce privilège qu'il a sur l'animal privé de raison, réclamer, en vertu du principe *formel* de son libre vouloir, aucun autre gouvernement pour le peuple auquel il appartient qu'un gouvernement dans lequel ce peuple aussi légifère ; donc, il faut nécessairement que le droit des hommes qui doivent obéir précède toute considération de bien-être, et c'est là une chose sacrée, qui se place au delà de tout prix (de l'utilité) et à quoi aucun gouvernement, si bienfaisant qu'il puisse être, ne peut se permettre de toucher. Cependant, ce droit n'est toujours qu'une idée dont la réalisation est limitée par la condition de l'accord entre ses *moyens* et la moralité que le peuple ne doit pas transgresser ; et il n'est pas légitime de recourir à une révolution, qui est toujours injuste. Régner *automatiquement*, et néanmoins *gouverner* à la façon républicaine, c'est-à-dire dans l'esprit du républicanisme et d'une manière analogue à celui-ci, voilà ce qui rend un peuple satisfait de sa constitution.

4. Une cause dont on ne pénètre pas immédiatement les caractères se découvre par l'effet qui s'y attache infailliblement. — Qu'est-ce qu'un Monarque *absolu* ? C'est celui sur l'ordre duquel, lorsqu'il dit : « Il faut la guerre », il y a aussitôt la guerre. — Qu'est-ce, par contre, qu'un Monarque à pouvoir limité ? Celui qui doit préalablement demander au peuple s'il faut ou non la guerre et si le peuple dit « Non », la guerre n'a pas lieu. — Car la guerre est une situation où *toutes* les forces de l'État doivent se tenir à la disposition du Pouvoir. Or le Monarque de Grande-Bretagne a fait bien des guerres sans pour cela requérir le consentement en question. Ce Roi est par conséquent un Monarque absolu ; d'après la constitution, il ne devrait pas l'être : mais il lui est toujours possible de passer outre ; car avec l'appui des corps de l'État, lui seul dispense toutes les fonctions et toutes les dignités, peut se tenir pour assuré de l'approbation des représentants du peuple. Il est vrai que ce système de corruption ne doit pas être connu du public pour réussir. Il demeure donc sous le voile très transparent du mystère.

5. Il est *doux* cependant d'imaginer des constitutions répondant aux exigences de la Raison (notamment au point de vue du droit), mais il est *téméraire* de les proposer et *coupable* de soulever le peuple pour abolir ce qui présentement existe. L'*Atlan-*

*tide* de Platon, l'*Utopie* de Morus, les *Oceana* d'Harrington et l'Histoire des *Sévarambes* d'Allais ont été successivement portés sur la scène, mais on n'en a jamais fait même rien que l'essai (mis à part le monstre manqué d'une République despotique de Cromwell). — Il en a été de ces créations politiques comme de la création de l'univers ; aucun homme n'y fut présent et ne pouvait l'être, sous peine d'avoir dû être son propre créateur. Espérer un jour, si tard que ce soit, l'achèvement d'une création politique comme on l'envisage ici est un doux rêve ; on peut toutefois non seulement *penser* qu'il est possible de s'en rapprocher toujours davantage, mais, dans la mesure où elle peut s'accorder avec la loi morale, c'est même le *devoir* non pas des citoyens, mais du chef de l'État, d'y travailler.

# INDEX DES MATIÈRES

# INDEX DES NOMS CITÉS

# BIOGRAPHIE

Né à Koenigsberg, le 22 avril 1724, Emmanuel Kant passa presque toute sa vie dans sa ville natale. Sa longue existence, consacrée tout entière à l'étude et à l'enseignement, ne présente aucun événement saillant, si l'on entend par là les événements extérieurs. Chez cet homme de pensée, seule importe la biographie intellectuelle.

Son père était un ouvrier sellier dont la famille se composait de onze enfants. Emmanuel, le quatrième, vécut ses premières années dans une atmosphère familiale empreinte de religiosité piétiste. Après avoir terminé ses études au collège Frédéric, il entra à l'Université de Koenigsberg, où il subit l'influence de Wolff qui professait un rationalisme systématique inspiré des mathématiques. Mais à côté de la philosophie, et en liaison avec elle, Kant ne manifeste pas moins d'intérêt pour les sciences. Dans son premier ouvrage, paru en 1747, il essaie d'accorder les idées de Descartes et de Leibniz sur la mesure de la force d'un corps en mouvement.

Son père étant mort en 1747, Kant fut obligé de quitter l'Université avant d'avoir obtenu tous ses grades. Pour gagner sa vie, il enseigna comme professeur privé. Pendant neuf ans, il donna des leçons dans un certain nombre de famille nobles de Prusse Orientale.

En 1755, il obtint la « promotion » de l'Université de Koenigsberg, puis l' « habilitation », qui l'autorisait à professer des cours libres à l'Université, en qualité de

« privat-docent ». Il se fixa de nouveau à Koenigsberg où son succès comme professeur lui permit rapidement de vivre dans l'aisance. Son enseignement, très vaste, embrassait les matières les plus diverses : mathématiques, logique, géographie, pédagogie, etc. Malgré des offres séduisantes, Kant ne voulut jamais s'éloigner de l'Université de Koenigsberg que son enseignement avait rendue célèbre.

La vie de Kant comme professeur était d'une régularité demeurée légendaire. La chronique rapporte que le passage quotidien du philosophe, à 15 h. 30, dans telle petite allée de tilleuls, servait d'horloge aux habitants du voisinage.

Entre 1770 et 1780, Kant publia les ouvrages qui constituent ses principaux titres dans l'histoire de la pensée, notamment les trois *Critiques* qui abordent sous un angle nouveau les problèmes de la philosophie.

Sentant ses forces décliner, Kant renonça à l'enseignement en 1796. Depuis cette date il ne publia presque plus. Il mourut le 12 février 1804, âgé de quatre-vingts ans.

# BIBLIOGRAPHIE

## PRINCIPALES ŒUVRES DE KANT

*De la forme et des principes du monde sensible et du monde intelligible.* 1770.

Traduction par P. Mouy, Paris, Vrin 1942, nouvelle édition 1951.

*Critique de la raison pure.* 1ère édition 1781, 2e édition, corrigée, 1787.

Traduction par J. Barni, revue et corrigée par P. Archambault, Paris, Flammarion, 2 vol., 1912, nouvelle édition 1950.

Traduction par A. Tremesaygues et B. Pacaud, Paris, Alcan, 1927 ; Presses universitaires de France, 1944, nouvelle édition 1950.

Traduction par P. Mesnard, Paris, Hachette, 1932.

*Prolégomènes à toute métaphysique future qui voudra se présenter comme science.* 1783.

Traduction par J. Gibelin, Paris, Vrin, 1930, nouvelle édition 1941.

*Fondements de la métaphysique des mœurs.* 1785.

Traduction par V. Delbos, Paris, Delagrave, 1907, dernière édition 1952.

*Critique de la raison pratique.* 1788.

Traduction par F. Picavet, Paris, Presses universitaires de France, 1943, dernière édition 1960.

Traduction par J. Gibelin, Paris, Vrin, 1945.

*Critique du jugement.* 1790.
Traduction par J. Gibelin, Paris, Vrin, 1928, dernière édition 1951.

*La religion dans les limites de la simple raison.* 1793.
Traduction par J. Gibelin, Paris, Vrin, 1943.

*Projet de paix perpétuelle, esquisse philosophique.* 1795.
Traduction par J. Gibelin, Paris, Vrin, 1947.
Texte allemand avec traduction par J. Darbellay, Paris, Presses universitaires de France, 1958.

*Le conflit des facultés.* 1798.
Traduction par J. Gibelin, Paris, Vrin 1935, nouvelle édition 1955.

*Textes choisis*

*La raison pure,* Paris, Presses universitaires de France, 1953, dernière édition 1961.

*Le jugement esthétique,* Paris, Presses universitaires de France, 1955.

*La raison pratique,* Paris, Presses universitaires de France, 1956, nouvelle édition 1961.


### QUELQUES OUVRAGES SUR KANT ÉCRITS
### OU TRADUITS EN FRANÇAIS

André Cresson : *La morale de Kant.* Paris, Alcan, 1897.

Théodore Ruyssen : *Kant.* Paris, Alcan, 1900.

Victor Delbos : *La philosophie pratique de Kant.* Paris, Alcan, 1903.

Victor Basch : *Essai critique sur l'esthétique de Kant.* Paris, Vrin, 1927.

Emile Boutroux : *La philosophie de Kant.* Paris, Vrin, 1929.

G. Cantecor : *Kant*. Paris, Librairie Mellottée, 1931.

Alain : *Lettres à Sergio Solmi sur la philosophie de Kant*. Paris, Hartmann, 1946.

Jacques Havet : *Kant et le problème du temps*. Paris, Gallimard, 1947.

Lucien Goldmann : *La communauté humaine et l'univers chez Kant*. Paris, Presses universitaires de France, 1948.

Pierre Lachièze-Rey : *L'idéalisme kantien*. Paris, Vrin, 1950

Martin Heidegger: *Kant et le problème de la métaphysique*. Paris, Gallimard, 1953.

André Cresson : *Kant, sa vie, son œuvre avec un exposé de sa philosophie*. Paris, Presses universitaires de France, 1955.

Jules Vuillemin : *Physique et métaphysique kantiennes*. Paris, Presses universitaires de France, 1955.

Georges Pascal : *Pour connaître la pensée de Kant*. Paris, Bordas, 1957.

André de Muralt : *La conscience transcendantale dans le criticisme kantien*. Paris, Ed. Montaigne, 1958.

Gerhard Krüger : *Critique et morale chez Kant*. Paris, Beauchesne et ses fils, 1961.

Georges Vlachos : *La pensée politique de Kant*. Paris, Presses universitaires de France, 1962.

Joseph Vialatoux : *La morale de Kant*. Paris, Presses universitaires de France, 1963.

# TABLE DES MATIÈRES

## BIBLIOTHÈQUE MÉDIATIONS

*Achevé d'imprimer en mars 1987*
*sur les presses de l'Imprimerie Bussière*
*à Saint-Amand (Cher)*

— N° d'édit. 2491. — N° d'imp. 680. —
Dépôt légal : mars 1987

*Imprimé en France*

# La philosophie de l'histoire

Une seule fois,
au grand étonnement de ses voisins
qui connaissaient ses habitudes,
Kant modifia l'itinéraire
de sa promenade quotidienne :
ce fut pour aller, pendant la Révolution,
au-devant du courrier qui apportait
des nouvelles de France.
L'anecdote témoigne de l'intérêt
que portait le philosophe de Königsberg
à l'événement politique majeur de son temps.
Qu'il se soit agit de définir
le principe d'une histoire universelle
ou de préciser le concept de race humaine,
de répondre à la question :
qu'est-ce que "Les Lumières",
elle indique l'état d'esprit
dans lequel il a écrit les différents textes
groupés ici sous le titre de
*La Philosophie de l'histoire.*
Elle montre l'attitude d'un penseur
devant les principaux problèmes
qui agitèrent le XVIIIe siècle
et qui, origine des idées modernes,
n'ont rien perdu de leur acuité aujourd'hui.

*En couverture :*
*Portrait de Kant.*
*Bibliothèque nationale, Paris.*
*(Photo Bulloz)*

ISBN 2.282.30033.5

**BIBLIOTHÈQUE MÉDIATIONS**

# DENOËL

CATÉGORIE 4